EL EXPERIMENTO RENDICIÓN

El Experimento rendición

El encuentro con la perfección de la vida

MICHAEL A. SINGER

Autor del bestseller *La liberación del alma*
Superventas de *The New York Times*

Primera edición: abril de 2016
Primera reimpresión: noviembre de 2019

Título original: *The Surrender Experiment: My Journey into Life's Perfection*

Traducción: Inmaculada Morales
Fotografía de cubierta: Fotolia.com - © naka

© 2015, Michael A. Singer

Publicado por acuerdo con Harmony Books, un sello de Crown Publishing Group, una división de Penguin Random House LLC

De la presente edición en castellano:
© Gaia Ediciones, 2016
  Alquimia, 6 - 28933 Móstoles (Madrid) - España
  Tels.: 91 614 53 46 - 91 614 58 49
  www.alfaomega.es - E-mail: alfaomega@alfaomega.es

Depósito legal: M. 9.753-2016
I.S.B.N.: 978-84-8445-620-9

Impreso en España por: Artes Gráficas COFÁS, S.A. - Móstoles (Madrid)

Cualquier forma de reproducción, distribución, comunicación pública o transformación de esta obra solo puede ser realizada con la autorización de sus titulares, salvo excepción prevista por la ley. Diríjase a CEDRO (Centro Español de Derechos Reprográficos, www.cedro.org) si necesita fotocopiar o escanear algún fragmento de esta obra.

A los Maestros

Índice

Agradecimientos 13

Parte I
EL DESPERTAR

La premisa 19
11. Sin gran alboroto, con un susurro 25
12. Conocerme a mí mismo 31
13. Los pilares del zen 35
14. Absoluto silencio 39
15. De la paz absoluta a la confusión total 45
16. La frontera sur 51
17. Desconectar el botón de alarma 55
18. Inspiración inesperada 61
19. La tierra prometida 65
10. La construcción de una cabaña sagrada 69
11. Ve a un monasterio 75
12. Cuando el discípulo está preparado, aparece el maestro 79

Parte II
COMIENZA EL GRAN EXPERIMENTO

13. El experimento de toda una vida 85
14. La vida asume el mando 89
15. El príncipe y el mendigo 93
16. Seguir a lo invisible hacia lo desconocido 97
17. Mi primera entrevista de trabajo 101
18. Soltar la cuerda 107
19. Aceptación, aceptación y más aceptación 111
20. La tarea más importante de mi vida 117

Parte III
DE LA SOLEDAD AL SERVICIO

21. La llamada de un maestro vivo 123
22. Shaktipat 129
23. Gainesville acoge a un gurú 135
24. La construcción del templo 139
25. La apertura del chakra del corazón 145
26. Acude a un ashram 149

Parte IV
LA EMPRESA DE LA RENDICIÓN

27. Nace una compañía 155
28. El encargado de obra 159
29. La banca comunitaria 165
30. La continua expansión del Templo del Universo .. 171
31. Metamorfosis de una criatura 175

Parte V
NACE ALGO INESTIMABLE

32. Del yo personal al ordenador personal 183
33. La creación de The Medical Manager 191
34. Los primeros programadores 197
35. La preparación para el lanzamiento 203

Parte VI
LAS FUERZAS DEL DESARROLLO NATURAL

36. La base de un exitoso negocio 211
37. La industria llama a la puerta 217
38. El Templo sigue creciendo 223

Parte VII
CUANDO LAS NUBES OSCURAS SE TORNAN EN ARCOÍRIS

39. Un toque de magia 233
40. El funesto mensajero del cambio 239
41. Asentar las bases del futuro 247
42. Mientras tanto, en el rancho 253

Parte VIII
ABRAZAR LA EXPANSIÓN FULMINANTE

43. The Medical Manager despliega sus alas 259
44. Medical Manager Corporation (MMGR) 263

45. Consejero delegado 267
46. Internet y la asistencia sanitaria 271
47. Fusión, aunque no con el universo 276
48. Construir Roma en un día 281
49. En Washington 289

Parte IX
RENDICIÓN TOTAL

50. La redada 297
51. Abogados, abogados y más abogados 303
52. Estados Unidos de América contra Michael A. Singer 309
53. Preparar la defensa 317
54. La Constitución y la declaración de derechos 325
55. Una intervención divina 331
56. De vuelta al principio 341

Sobre el autor 345

Agradecimientos

En realidad, la verdadera autora de este libro es la propia vida, al haber puesto de manifiesto una serie de sucesos tan poderosos y fascinantes como para merecer ser narrados, y haberme enviado, para facilitarme la tarea, los colaboradores adecuados en el instante preciso.

Deseo poner de relieve, con humildad y agradecimiento sincero, el magnífico trabajo que ha llevado a cabo Karen Entner —mi directora de producto— en la producción de este libro. Su incansable y desinteresado servicio ha aportado al trabajo creativo un grado de compromiso y perfección difícil de encontrar en este mundo.

También me gustaría agradecer a mi editor de Crown Publishing, Gary Jansen, su intenso trabajo y sus estupendas sugerencias. Como cabía esperar, la vida me concedió al perfecto editor para ayudarme a ofrecer este testimonio de su magnificencia.

Estas páginas han contado con primeros lectores a quienes estoy sumamente agradecido. En especial quisiera expresar mi gratitud a James O'Dea, Ursula Harlos y Stephanie Davis, por sus detalladas propuestas, borrador tras borrador, durante las primeras etapas de escritura.

Por último, me gustaría darte las gracias a ti, lector, por tu interés y por dedicar un tiempo a la lectura del relato de este extraordinario experimento. Que todos nosotros aprendamos a apreciar nuestra vida —cada día un poco más— en este asombroso universo.

El Experimento rendición

Parte I
El despertar

La premisa

Viajaba a solas en un avión privado de seis plazas a 12.000 m de altura, un contexto sumamente apacible que me transportó a un estado de profundo silencio. Cuando abrí los ojos, percibí la gran diferencia entre mi escenario actual y el de aquel bosque al que me retiré por primera vez para meditar en soledad. Aunque seguía viviendo en el mismo paraje, este se había transformado en una próspera comunidad de yoga y yo me había convertido en el consejero delegado de una empresa de capital abierto que se había manifestado en mi vida de forma casi mágica. Era obvio que todas estas experiencias vitales —incluida la dirección de una empresa de ese nivel— estaban contribuyendo a mi liberación espiritual tanto como aquellos años de meditación solitaria. Así como Hércules desvió el curso de dos ríos para limpiar los establos de Augías, el potente flujo de la vida estaba arrastrando lo que aún quedara de mí. Por mi parte, seguía practicando la no resistencia, me gustara o no lo que me presentaba la vida. En ese estado de ánimo me dirigía a Texas para negociar una millonaria oferta de fusión propuesta por un influyente director ejecutivo al que ni siquiera conocía.

Mis reflexiones, mayo de 1999

La vida raramente se desarrolla tal como deseamos, y si reflexionamos sobre ello resulta perfectamente lógico. Dado que el ámbito de la vida es universal, debería ser evidente que no tenemos control sobre los sucesos de nuestra existencia. El universo se originó hace unos 13.800 millones de años y los factores que determinan nuestra vida no comenzaron con nuestro nacimiento ni finalizarán con nuestra muerte. Lo que acontece en cada momento es realmente algo extraordinario, pues es el resultado final de una interrelación de fuerzas que lleva actuando desde hace miles de millones de años. No somos responsables en lo más mínimo de nada de lo que sucede a nuestro alrededor y, sin embargo, nos empeñamos en controlar y dirigir nuestra vida; no es de extrañar que tengamos tantas tensiones, miedos y preocupaciones. Creemos que las cosas deberían ser tal como deseamos, sin tener en cuenta que, en realidad, son el resultado natural de la interacción de todas las fuerzas de la creación.

Nos hemos habituado a dar prioridad a nuestros pensamientos frente a la realidad que se despliega ante nosotros. Ciertas expresiones como «mejor que no llueva hoy, porque me voy de *camping*» o «me conviene conseguir un aumento de sueldo, porque necesito el dinero» constituyen atrevidas afirmaciones sobre lo que debería o no debería suceder, que, lejos de fundamentarse en hechos científicos, están basadas únicamente en preferencias personales creadas por nuestra mente. Sin que reparemos en ello, nos relacionamos del mismo modo con todas las situaciones de nuestra vida; es como si creyéramos que el mundo que nos rodea ha de manifestarse de acuerdo a nuestras preferencias y aversiones y que, si no lo hace, sin duda algo debe ir mal. Este modo de vivir resulta sumamente complicado y nos genera la sensación de estar constantemente luchando con la vida.

No obstante, también es cierto que no somos seres desvalidos ante los avatares de la existencia, pues se nos ha otorgado el poder de la voluntad. Podemos determinar cómo deseamos que sea algo y aplicarnos a la tarea de tratar de modificar la realidad a nuestra medida; sin embargo, esta actitud supone una oposición continua con el modo en que serían las cosas sin nuestra intervención. Tal lucha entre la voluntad individual y la realidad acaba consumiendo toda nuestra energía. Cuando ganamos la batalla, nos sentimos felices y relajados, mientras que perderla nos produce estrés e inquietud. Puesto que la mayoría de nosotros solo conseguimos sentirnos bien cuando las cosas marchan como deseamos, tratamos de controlar constantemente todos los aspectos de nuestra existencia.

Pero ¿realmente las cosas han de ser así? Todo apunta a que la vida funciona de maravilla: los planetas permanecen en órbita, las semillas se convierten en árboles inmensos; los patrones climáticos han permitido la supervivencia de los bosques en todos los rincones del planeta durante millones de años, y una célula fecundada es capaz de transformarse en un precioso bebé. Nada de esto sucede como resultado de nuestra voluntad, sino que se origina gracias a fuerzas que llevan actuando durante miles de millones de años y que son las mismas a las que nos resistimos día tras día. Si el natural desarrollo de los procesos de la vida puede crear y ocuparse de todo el universo, ¿hasta qué punto es razonable pensar que nada bueno puede suceder sin nuestra intervención? La presente obra aborda este fascinante tema.

¿Puede haber una cuestión más importante que esta? Si la vida ha creado la molécula del ADN o el cerebro humano, ¿por qué nos parece que hemos de controlarlo todo? Debe ser posible relacionarnos de un modo más saludable con la existencia. ¿Qué ocurriría si respetáramos el fluir de los acontecimientos y usáramos nuestro libre albedrío para participar en lo que acontece, en lugar de oponerle resistencia? ¿Cómo sería entonces nuestra vida? ¿Consistiría en sucesos aleatorios sin orden ni sentido alguno o, por el contrario, se expresaría en nuestras vidas esa misma perfección que se halla presente en el resto del universo?

Estas reflexiones constituyeron la base de un asombroso experimento que se inició con un sencillo cuestionamiento: ¿cuál de estas dos opciones me resultará más provechosa, crear una realidad alternativa en la mente y luchar contra lo que me presenta la vida para que se amolde a mí, o desprenderme de mis deseos para ponerme al servicio de esas mismas fuerzas que han creado toda la perfección del universo que me rodea? La prueba no consistió en romper con la vida, sino en vivirla plenamente desde un lugar en el que ya no estamos dominados por los miedos ni los deseos. A falta de una mejor denominación, lo llamé «el experimento rendición» y, en la medida de mis posibilidades, he dedicado los últimos cuarenta años de mi vida a observar hacia dónde me llevaría de forma natural el curso de los acontecimientos. Lo que ha ocurrido durante estas cuatro décadas es sencillamente increíble. El mundo no se vino abajo, sino todo lo contrario; a medida que se sucedían las situaciones, el fluir de la vida fue conduciéndome a lo largo de un viaje asombroso. El presente libro relata la historia de alguien que se atrevió a desprenderse del temor y confiar en la vida.

Es importante clarificar que este tipo de rendición no significa vivir sin el ejercicio de la voluntad. Durante estos cuarenta años, he dejado que mi voluntad fuera guiada por la propia vida en lugar de por mis preferencias. Según mi experiencia, alinear la voluntad individual con las fuerzas que dirigen el curso de las cosas produce resultados sorprendentemente poderosos.

El mejor modo de transmitirte las conclusiones de este gran experimento es contarte cómo fui empujado a llevarlo a cabo. Si bien mis experiencias seguramente diferirán de las tuyas, he decidido compartirlas teniendo presente que los seres humanos contamos con la extraordinaria habilidad de aprender unos de otros; así pues, no necesitas vivir como yo lo hice para que lo aquí expuesto obre una transformación en ti. Los hechos inesperados que acontecieron no solo cambiaron mi vida, sino que además transformaron mi visión de la existencia y me proporcionaron una sensación de profunda paz interior. Este experimento quizá te impulse a encontrar una forma de vivir más pacífica y armoniosa, así como a apreciar mejor la asombrosa perfección que nos rodea.

1
Sin gran alboroto, con un susurro

MI NOMBRE ES MICHAEL ALAN SINGER, pero que yo sepa, todo el mundo me ha llamado siempre Mickey. Nací el 6 de mayo de 1947 y llevé una vida normal hasta el invierno de 1970, en el que tuve una experiencia que modificó para siempre mi trayectoria vital. Los sucesos que te cambian la vida pueden llegar a ser sumamente drásticos y, por su propia naturaleza, perturbadores; todo tu ser es dirigido hacia una dirección en un movimiento que contiene el impulso de las experiencias del pasado y todos tus sueños. De pronto, se produce un gran terremoto, se manifiesta una grave enfermedad o tiene lugar un encuentro casual que te hace perder el control de tu vida por completo. Si ese suceso es lo bastante potente como para modificar el punto de enfoque de tu mente y tu corazón, entonces el resto de tu vida irá cambiando a su debido tiempo. Literalmente, ya no eres la misma persona tras una vivencia de esta naturaleza: se modifican tus intereses y objetivos y, de hecho, cambia el propósito de tu existencia. Por lo general, hace falta una vivencia muy intensa para que se produzca una transformación sin retorno. Pero no siempre ocurre de este modo.

Durante el invierno de 1970 no me sucedió nada especialmente llamativo; de hecho, el proceso de cambio se inició con tal sutileza que podría haber pasado fácilmente desapercibido: mi vida se sumió en una total confusión y transformación no con gran alboroto, sino con un susurro. Aunque han transcurrido más de cuarenta años desde aquel momento en el que mi vida cambió para siempre, todavía lo recuerdo como si hubiera sido ayer.

Estaba sentado en el sofá del salón de mi casa en Gainesville, Florida. Por aquel entonces tenía veintidós años y estaba casado con Shelly, una mujer de alma hermosa. Ambos estudiábamos en la Universidad de Florida, donde yo estaba haciendo un posgrado en Economía. Era un joven muy inteligente y el director del Departamento de Economía estaba preparándome para ser profesor universitario. Ronnie, el hermano de Shelly, era un exitoso abogado de Chicago del que me había hecho amigo íntimo, aunque pertenecíamos a mundos diferentes: él era un poderoso abogado de una gran ciudad, muy interesado en el dinero, y yo, un universitario con aire sesentero y *hippie*. Cabe destacar que en esa época yo era una persona sumamente analítica; de hecho, nunca se me había pasado por la cabeza estudiar asignaturas como filosofía, psicología o religión, y las optativas que había elegido eran lógica simbólica, cálculo avanzado y estadística teórica. Por ello, lo que me ocurrió resulta aún más asombroso.

De vez en cuando Ronnie venía a visitarnos y pasábamos un rato juntos. Aquel día tan especial de 1970 estábamos charlando en el sofá. No sé bien de qué hablábamos, pero recuerdo que tras una conversación pausada se había producido un silencio. Entonces me di cuenta de que me sentía incómodo y estaba pensando en qué decir; aun cuando había vivido situaciones similares en numeras ocasiones, esta experiencia fue bien diferente: además de sentirme incómodo y tratar de continuar el diálogo, *tomé conciencia* de todo ello. Por primera vez en mi vida, estaba observando mis pensamientos y emociones sin identificarme con ellos.

No es fácil expresarlo con palabras, pero sentí una total separación entre mi inquieta mente, que arrojaba posibles temas de conversación, y yo, que simplemente era consciente de lo que sucedía en ella. Era como si de repente pudiera permanecer por encima de la mente y observar con tranquilidad los pensamientos. Lo creas o no, ese sutil cambio de conciencia se convirtió en un huracán que trastocó toda mi vida.

Permanecí sentado, observándome a mí mismo, durante unos instantes, tratando de «arreglar» aquel silencio incómodo; pero yo era el observador que presenciaba en calma toda esa actividad mental, no quien estaba tratando de llenar el silencio. Al principio, tan solo había unos pocos grados de separación entre yo mismo y lo observado, pero dicha separación parecía aumentar más y más cada segundo. No estaba haciendo nada para que esto sucediera, tan solo permanecía sentado dándome cuenta de que los patrones mentales neuróticos que desfilaban ante mí ya no pertenecían a mi sentido del *yo*.

Esta «toma de conciencia» ocurrió prácticamente de forma instantánea. Fue algo semejante a contemplar uno de esos pósteres que contienen una figura escondida: de pronto, surge una imagen tridimensional de ese aparente caos y, una vez la has identificado, te preguntas cómo no la habías visto antes ¡si estaba ahí! Así fue el cambio que tuvo lugar en mi interior. Era tan obvio: ahí estaba yo observando los pensamientos y las emociones; de hecho, llevaba observándolos desde siempre, sin percatarme de ello. Era como si me hubiera perdido tanto en los detalles que jamás los considerara como simples emociones y pensamientos.

En cuestión de segundos, lo que antes me parecían soluciones idóneas para romper el molesto silencio comenzó a sonarme como una voz neurótica que hablaba en mi interior. Continué observando mientras esa voz barajaba distintas opciones:

«El tiempo ha sido terrible, ¿verdad?».
«¿Te has enterado de lo que hizo Nixon el otro día?».
«¿Te apetece algo de comer?».

Cuando finalmente me decidí a hacer un comentario, señalé:

«¿Te has fijado alguna vez en esa voz que habla dentro de la cabeza?».

Ronnie me miró un poco extrañado, pero de pronto sus ojos se iluminaron: «Sí, entiendo lo que dices; ¡la mía nunca se calla!». Recuerdo perfectamente que incluso le pregunté de broma cómo se sentiría al escuchar en su mente la voz de otra persona en lugar de la suya... Nos reímos ante semejante ocurrencia, y la vida siguió su curso.

Pero no *mi* vida. Mi vida no «continuó» normalmente; de hecho, nada fue igual desde entonces. Ser consciente no me suponía ningún esfuerzo, ya que yo era esa conciencia. Yo era el observador del incesante flujo de pensamientos que atravesaba mi mente, así como de las variables corrientes de emociones que cruzaban mi corazón. Al ducharme, observaba el monólogo interior que tenía lugar mientras me aseaba; al conversar con alguien, observaba cómo la mente se centraba en qué añadir a continuación, sin escuchar a la otra persona. Cuando asistía a clase, observaba cómo la voz jugaba a adivinar las conclusiones a las que se dirigía la exposición del profesor. Huelga decir que no pasó mucho tiempo antes de que esa voz interior recién descubierta comenzara a ser un auténtico fastidio. Era como estar sentado en una sala de cine al lado de alguien que no cesa de hablar.

A medida que proseguía mi observación, en el fondo de mi ser deseaba que esa voz se callara. ¿Cómo sería tener la mente en calma? Comencé a anhelar el silencio interior. Al cabo de unos días de esa primera experiencia, mi modo de vida comenzó a cambiar. Ya no disfrutaba de las visitas de mis amigos; como anhelaba tranquilizar la mente y la vida social no lo favorecía, fui sustituyéndola por salidas a un bosque situado cerca de nuestra casa. Allí me sentaba en el terreno rodeado de árboles y le pedía a la voz que guardara silencio. Por supuesto, este método no me funcionaba; de hecho, no se acallaba con nada. Descubrí que, si bien podía cambiar el tema de la charla mental, no conseguía que se detuviera en ningún momento. De este modo, mi anhelo de silencio se convirtió en una pasión. Aunque sabía lo que era observar esa voz, era incapaz de mantener la mente en calma. Nunca hubiera imaginado que estaba a punto de emprender un viaje que transformaría mi vida para siempre.

2
Conocerme a mí mismo

Siempre me ha gustado tratar de entender el funcionamiento de las cosas; así pues, era inevitable que me sintiera sumamente atraído por comprender la relación existente entre esa voz interior y yo; pero antes de poder disfrutar de esa fascinación intelectual, hube de superar el hecho de que la mente estaba llegando a desesperarme. La voz siempre tenía algo que decir de cada cosa: «me gusta...», «no me gusta...», «no me siento cómodo con esto...», «aquello me recuerda a...». A medida que me acostumbré a observar este fenómeno, fueron surgiéndome unos cuantos interrogantes: en primer lugar, ¿por qué esta voz no deja nunca de hablar? Cuando veo algo, soy consciente de estar percibiéndolo, así que ¿por qué la voz tiene que decirme que lo estoy viendo y cómo me siento al respecto?

«Ahí viene Mary. La verdad es hoy que no me apetece encontrármela; espero que no me vea».

Sé lo que veo y cómo me siento. Al fin y al cabo, yo soy quien está viendo y sintiendo. ¿Por qué entonces tiene que ser expresado en la mente?

También me planteé las siguientes preguntas: ¿quién es el observador de toda esta actividad mental?, ¿quién observa la aparición de los pensamientos con total desapego?

Albergaba dos sentimientos contradictorios con relación a esa voz interior: por un lado, deseaba acallarla y, por otro, anhelaba comprender qué era y de dónde venía.

Como he mencionado previamente, antes de este despertar mi vida discurría con bastante normalidad en comparación con el rumbo que tomó más tarde. Me convertí en un ser humano con una motivación: deseaba saber qué era esa voz que había descubierto y quién era yo, ese que experimentaba todo ello en su interior. Comencé a pasar largas horas en la biblioteca de la universidad, pero no en la sección de economía, sino en la de psicología. Sin duda, otras personas se habrían dado cuenta de la existencia de una voz interior, pues destacaba demasiado como para pasar desapercibida. Eché un vistazo a Freud tratando de hallar respuestas a mis interrogantes, pero no encontré ninguna referencia directa a la voz y, desde luego, tampoco al observador que se da cuenta de su presencia.

Por aquel entonces hablaba de ella a cualquiera que me escuchara. Tal vez pensaran que me había vuelto loco. Recuerdo una anécdota que me sucedió con mi profesor de español, una persona sumamente culta y reservada. Un día me encontré con él en un descanso y, con gran excitación, le conté que acababa de comprender en qué consistía hablar un idioma con fluidez. Entonces le expliqué que hay una voz dentro de la cabeza que parlotea prácticamente sobre todo: lo que te agrada, lo que no te gusta, lo que deberías estar haciendo, lo que has hecho mal en el pasado... Así pues, podría afirmarse que un hablante se comunica en español con soltura cuando es capaz de pensar en dicha lengua y captar el sentido de las palabras de inmediato. Si, por el contrario, esa persona hubiera de traducir mentalmente a su idioma los términos extranjeros para poder entenderlos, aún no habría adquirido suficiente fluidez. Desde mi punto de vista, este planteamiento tenía sentido. También añadí que si me hubiera especializado en idiomas, habría realizado la tesis sobre el tema. Naturalmente, mi profesor se limitó a mirarme extrañado y darme una respuesta educada antes de proseguir su camino.

La verdad es que me daba igual lo que pensara de mí. Había iniciado un viaje de exploración y autoconocimiento en el que estaba aprendiendo mucho más de lo que nunca hubiera imaginado. Me parecía increíble el grado de miedo e inquietud por la opinión ajena que transmitía la voz de la mente. Era obvio que detrás de esa voz había una persona a la que le importaba mucho lo que pensaran los demás de ella, especialmente los más allegados. La voz me dictaba lo que debía decir y lo que debía omitir, y se quejaba incesantemente cuando las cosas no marchaban según sus deseos. Si una conversación con un amigo finalizaba con la más mínima discrepancia de opiniones, el diálogo seguía dándome vueltas en la cabeza, y veía cómo la voz imaginaba, anhelante, de qué otra manera hubiera podido concluir mejor. Tomé conciencia de que a través de esa charla mental se traslucía un inmenso temor a ser rechazado. De todas formas, aunque me sentía abrumado en ocasiones, nunca perdí de vista el hecho de que la voz no era yo mismo, sino algo de lo que me daba cuenta.

Imagínate que al levantarte una mañana te rodeara una gran algarabía y quisieras silenciarla sin saber cómo. Así era mi relación con la voz. Aun cuando estaba claro que siempre había ocupado mi espacio interior, el hecho de encontrarme tan identificado con ella nunca me había permitido percibirla como algo separado de mí, al igual que un pez no sabe que vive en el agua hasta que sale de un salto y se dice por primera vez: «Hay agua ahí abajo y es donde siempre he estado, pero ahora sé que puedo salir».

Me desagradaba ese parloteo continuo. Para mí era un sonido irritante que en vano deseaba acallar; pero aún no había comenzado a hacerle frente.

3
Los pilares del zen

Pasaron los meses y yo seguía centrado en la exploración de mi realidad interna. Poco sospechaba que pronto recibiría una ayuda inesperada.

Mark Waldman —uno de mis compañeros de curso—, además de un joven brillante, era un ávido lector de una amplia variedad de temas. Mark, como todo el mundo, conocía mi interés por la voz de la mente y un buen día me trajo un libro que quizá pudiera ayudarme: *Los tres pilares del zen*, de Philip Kapleau.

Yo no sabía absolutamente nada sobre budismo zen, pues por aquel entonces era un intelectual que no daba ninguna importancia a las cuestiones religiosas. Si bien había recibido una educación judía moderada, en mi época universitaria la religión no tenía cabida en mi vida. Si me hubieran preguntado si me consideraba ateo, probablemente habría puesto los ojos como platos, ya que nunca me había parado a pensar en ello.

Al hojear las páginas del libro, constaté enseguida que, en efecto, hablaba de la voz interior. Casi se me paralizó el corazón y comencé a respirar con dificultad; no cabía duda: párrafo tras párrafo, el libro versaba sobre cómo calmar y acallar la mente, y se usaban términos como el *verdadero ser* que trasciende el pensamiento. Por fin había encontrado lo que con tanto ahínco había estado buscando. Sabía que tenía que haber otras personas con suficiente perspectiva como para observar la voz sin identificarse con ella. No solo existía todo un legado de sabiduría con miles de años de antigüedad referido a la voz, sino que, claramente, el libro mostraba cómo «zafarse» de ella. Trataba de cómo liberarse del dominio de la mente y trascenderla.

Naturalmente, me sentía sobrecogido. Nada me había suscitado tanto respeto como esa obra. Si bien había leído y estudiado un gran número de libros en el colegio de manera obligatoria, tenía entre las manos un texto que daba respuesta a verdaderos interrogantes, como quién era yo, el observador del monólogo mental. Deseaba ardientemente obtener una respuesta a esta clase de preguntas. Aunque, en realidad, más que *querer, necesitaba* esas respuestas, porque la voz me exasperaba enormemente.

El mensaje de *Los tres pilares del zen* era claro e inequívoco: se trataba de dejar de abordar la cuestión de la mente de manera intelectual, leyendo, hablando o pensando sobre ella, y emprender el trabajo necesario para aquietarla por medio de la práctica meditativa.

Si bien antes de conocer la meditación había intentado sentarme en soledad para acallar mi charla mental, no me había funcionado nunca. Pero este libro me presentaba un método probado que había ayudado a miles de personas: simplemente sentarse en un lugar tranquilo, observando la entrada y salida del aire al respirar y repitiendo el sonido *mu*, nada más. También se recomendaba meditar regularmente e ir aumentando cada día el tiempo dedicado a ello. El zen proponía un entrenamiento intensivo de meditación denominado *sesshin*, que se realizaba en grupo, y en contextos tradicionales se empleaba el *kyosaku*, una vara de madera con la que se golpeaba en el hombro al practicante que había perdido la concentración o se hallaba somnoliento. La meditación zen parecía un trabajo serio y estricto que no se andaba con rodeos.

Pero yo no contaba con el apoyo de un grupo o un maestro; solamente tenía ese libro y grandes ansias de comprobar si esa práctica me llevaría adonde deseaba dirigirme. De modo que empecé a practicar por mi cuenta lo que según mi entendimiento era la meditación zen. Al principio meditaba durante quince o veinte minutos al día, y, al cabo de una semana, lo prolongué a media hora dos veces al día. Si bien no viví experiencias profundas ni espectaculares, al concentrarme en la respiración y en el mantra conseguía desviar la atención del parloteo incesante de la mente. La repetición del mantra *mu* impedía que la voz se ocupara de todas las nimiedades personales de las que solía hablar sin interrupción. Muy pronto comencé a disfrutar y a desear que llegara la hora de la práctica.

Unas semanas después, Shelly y yo decidimos irnos de *camping* un fin de semana con otros cuatro amigos al parque nacional de Ocala. Como disponía de una furgoneta VW Camper, esta clase de escapadas eran cosa fácil. Pero esta excursión al campo no fue como tantas otras, ya que estaba destinada a tener una profunda repercusión en el resto de mi vida.

Hallamos un lugar recogido en el bosque que se abría a un prístino humedal. Una vez aparcamos las furgonetas, nos quedamos sobrecogidos ante la paz y la belleza del lugar. Se me ocurrió que podría ser un buen lugar para meditar. Aunque era un principiante, me tomaba muy en serio la práctica meditativa y el descubrimiento de la calma mental. Así pues, avisé a mis acompañantes de que iba a ausentarme durante un rato y caminé despreocupadamente por la hierba de las orillas del lago hasta encontrar un agradable lugar para sentarme. El concepto de meditación me resultaba tan significativo que desde el principio consideré aquella oportunidad de sentarme en quietud como una experiencia sagrada. Al igual que hizo el Buda, me acomodé bajo la copa de un árbol y me dije a mí mismo muy seriamente: «No me moveré de aquí hasta no haber alcanzado la iluminación».

Lo que sucedió ese día bajo el árbol fue tan intenso que incluso al rememorarlo ahora empiezo a temblar y se me saltan las lágrimas.

4
Absoluto silencio

CRUCÉ LAS PIERNAS EN LOTO. Aunque era consciente de que todavía no dominaba la postura, pensé que valía la pena comenzar con la postura oficial de la meditación. Erguí el cuello y la espalda, y empecé a concentrarme en la expansión y contracción del abdomen al respirar. El libro sobre zen aconsejaba pronunciar el mantra *mu* profundamente desde el vientre, por debajo del ombligo; así pues, me centré en ese punto para observar la entrada y salida del aire.

Puesto que tenía la intención de prolongar la meditación durante mucho más tiempo de lo que había hecho hasta entonces, me concentré con intensidad y sinceridad adicionales. Fue una decisión acertada, porque profundicé en la meditación como nunca antes. Por lo visto, concentrarme en el movimiento de la respiración en el abdomen generó una fuerza que conectó la salida del aire a través de los orificios nasales con el movimiento interno del abdomen. Cada vez que espiraba lentamente por la nariz, sentía una sensación cálida y atrayente por toda la zona situada debajo del ombligo. Era una sensación tan agradable que la atención se centró en ese punto de forma natural. Durante algún tiempo me sumí en la belleza de la experiencia.

Al cabo de un rato —desconocía cuánto tiempo había transcurrido— la voz interior comenzó a ensalzar tanta belleza y a ponerle la etiqueta de «meditación verdadera». Al prestarle atención, perdí la concentración en la respiración. Al parecer, la experiencia meditativa había seguido su curso natural y comenzaba a volver a mi estado mental habitual.

Pero se suponía que esta sesión de meditación iba a ser diferente. Me había prometido a mí mismo no levantarme hasta acceder a un estado de conciencia más elevado, de modo que me empeñé en concentrarme de nuevo en el movimiento del abdomen al respirar y en el sonido *mu*. Por segunda vez volví a sumirme en el agradable flujo de fuerza que conectaba la espiración con la calidez del abdomen. Dicha fuerza iba intensificándose a medida que me concentraba de un modo más profundo. Finalmente desaparecieron la conciencia del cuerpo y del entorno. Solo era consciente del flujo natural de cálida energía que se creaba y expandía desde el centro del abdomen. Lo único que había era ese flujo: yo ya no estaba presente.

De vez en cuando, durante un instante volvía a resurgir la conciencia de mí mismo; en el momento en que esto comenzaba a ocurrir, me centraba de forma expresa en la sensación de la espiración y el movimiento del abdomen y, en el acto, dejaba de estar ahí. La experiencia de entrar y salir de un estado de meditación profunda se prolongó durante mucho tiempo, quizá horas.

En un momento dado, debí abandonar este proceso. Había llegado muy lejos y comencé a regresar de un lugar muy profundo lleno de paz. No sé cuánto tiempo había estado sentado, pero lo primero que captó mi atención fue el dolor de piernas. Me dolían tremendamente por haber permanecido en loto durante mucho tiempo. La voz interior no había retornado todavía. Simplemente me hallaba ahí, algo aturdido, pero envuelto en una gran paz y sumamente fascinado por la experiencia. Supongo que pronto hubiera vuelto al estado mental habitual de no ser por un hecho asombroso. Por detrás del punto en el que había estado centrando la atención, escuché una voz retumbante que me formuló la siguiente pregunta con severidad: «¿Deseas conocer lo que hay más allá de ti mismo o no?».

No se trataba de la voz con la que estaba tan habituado a luchar. Desde la primera vez que tomé conciencia de su presencia, la voz de la mente siempre había hablado desde un punto situado por delante y por debajo de donde solía estar situado internamente; en cambio, estas palabras sonaban por detrás y por encima de donde se centraba la atención ahora. En todo caso, su serio desafío sacudió todo mi ser. No sentí la necesidad de responder, porque cada célula de mi cuerpo anhelaba seguir hasta el final; de modo que tras inspirar realicé una espiración profunda y el yo desapareció.

Cuando resurgió la conciencia de mí mismo, la sensación de existir y estar vivo era muy diferente a nada de lo que había experimentado nunca. Aun cuando me dolían las piernas, las sentía desde la distancia, y era un dolor imbuido de calidez y belleza. Una vez hube recuperado cierta conciencia del cuerpo, traté de inclinar la cabeza ligeramente hacia delante, pero nada se movió. Era como tener la frente apretada contra un muro. Algo sumamente sólido me impedía realizar incluso el más leve movimiento de la cabeza. Me di cuenta de que la mera intensidad de la concentración había creado una fuerza bien definida que fluía hacia fuera desde la frente y descendía en curva hasta el punto de la parte inferior del abdomen en el que me había concentrado durante la meditación. Puede que todo esto suene muy extraño, pero sentí como si se hubiera originado un campo magnético tan fuerte que era imposible oponerle resistencia.

Pero además sentía otras poderosas energías. Como he mencionado antes, había permanecido sentado con las piernas cruzadas en loto y las manos apoyadas en los pies; pues bien, en dicha postura el conjunto de las manos, brazos y hombros formaba un círculo cerrado que se había convertido en otro campo de fuerza, de modo que no podía moverme ni hacia delante ni hacia los lados. Estaba atrapado en algo que solo puedo describir como flujos de energía perpendiculares. Cada vez que espiraba, se volvían más intensos y palpables. Estaba tan fascinado por la experiencia que seguía sin ser consciente de lo que me rodeaba. Solamente había vuelto lo suficiente como para darme cuenta de que todo mi cuerpo se hallaba inmerso en estos flujos energéticos. Entonces escuché de nuevo: «¿Deseas conocer lo que hay más allá de ti mismo o no?».

De inmediato inspiré hondo y con firme intención espiré lentamente por la nariz. Era como si la presión ejercida por el aire saliente contra los campos de fuerza originara un empuje ascendente. Este impulso hacia arriba y hacia dentro comenzó a conducirme a un estado aún más profundo, más allá de toda noción de mí mismo. Después de respirar de nuevo, el yo desapareció por completo.

Es comprensible que desees saber adónde me dirigí, pero me temo que no tengo modo de contestar a tal pregunta. Solo sé que cada vez que retornaba, me hallaba en un estado más elevado que el anterior. Finalmente, la siguiente vez que volví de ninguna parte, todo fue muy distinto.

No había ninguna resistencia sutil por haber regresado ni una sensación de urgencia por seguir en ese elevado estado. Tan solo había paz profunda y un silencio absoluto que nada podía interrumpir, una quietud quizá no traspasada por ningún sonido en toda la eternidad. Era semejante al espacio exterior, donde no hay atmósfera ni sonido. Este último precisa de un medio material para propagarse, pero en ese lugar no existía tal medio. Estaba experimentando de verdad el sonido del silencio.

Y lo que es más importante: en ese espacio sagrado no había ninguna voz ni el más mínimo recuerdo de cómo era esta. Había desaparecido totalmente. Solo quedaba la conciencia de ser. Simplemente existía, nada más. Esta vez ningún ruego me instó a seguir profundizando: había llegado la hora de salir de la meditación.

Lo primero que noté al volver a ser consciente de lo que me rodeaba fue que los flujos de energía externos que había experimentado permanecían activos en mi interior. Sentía que un maravilloso flujo de energía ascendía a lo largo de la columna hasta el centro de la frente. Nunca había experimentado algo así, y prácticamente toda mi atención estaba concentrada en ese punto. Aunque todavía sentía un acuciante dolor en las piernas, no me suponía ningún problema: experimentaba el dolor desde un estado de paz sin quejas ni monólogos mentales sobre qué hacer al respecto. Solo había conciencia en total armonía con aquello de lo que era consciente.

Finalmente, conseguí mover los brazos lo suficiente como para deshacer la postura. Parecían un peso muerto, por lo que me recosté de lado hasta que se reanimaron. ¡Durante el tiempo que permanecí tumbado me sentí tan cómodo y en paz! Finalmente abrí los ojos. Lo que apareció ante mi mirada no podía compararse con nada de lo que hubiera visto o soñado. El humedal parecía una pintura japonesa en papel de arroz. Irradiaba delicadeza y quietud. Aunque la crecida hierba era mecida por una suave brisa, ese movimiento estaba envuelto en quietud. Todo era quietud en los árboles, las nubes, el agua… Un absoluto silencio imbuía los movimientos de la naturaleza. Mi cuerpo estaba tranquilo y no tenía ningún pensamiento. Podría haber permanecido así para siempre, fundiéndome con la paz que rodeaba mi sensación de presencia.

Cuando me incorporé por fin, el movimiento de mi cuerpo me resultó desconocido. Nunca había sido una persona especialmente grácil, pero ahora cada movimiento del cuerpo era armonioso y los brazos se movían acompasados; pero sobre todo noté la diferencia cuando empecé a caminar: podía sentir el más mínimo movimiento de los músculos de los pies con cada paso que daba. De este modo, seguí fluyendo de un paso al siguiente con una sensación embriagadora.

Lo más increíble es que este estado se prolongó durante semanas. No cambió al reunirme con mis amigos ese día. No sentí la necesidad de explicar o describir lo que me había sucedido durante las dos o tres horas en las que me había ausentado. Apenas podía hablar y todo me parecía sumamente bello y apacible. Solo había completo silencio, en absoluto alterado por los sonidos procedentes del exterior. Si bien se producían sonidos, me parecían muy lejanos del lugar en el que me encontraba internamente. Un foso de profunda paz protegía la ciudadela del elevado estado de conciencia que experimentaba.

5
De la paz absoluta a la confusión total

Tras regresar de aquel viaje no conseguía sintonizar bien con mi vida cotidiana. Lo cierto es que en cuestión de horas me había transformado por completo. Mi estado interior habitual había dado paso a una claridad absoluta que no se veía afectada ni por el miedo ni por el deseo. Incluso los pensamientos se desvanecían antes de hacerse conscientes. Solamente albergaba una única intención, poderosa e inquebrantable: «no abandonaré nunca este estado; pase lo que pase, no permitiré que nada me saque de este lugar». No me lo decía ninguna voz; yo mismo era ese mensaje. Ya no era Mickey Singer, sino aquel que nunca traicionaría esa paz ni permitiría que nada perturbara esa quietud trascendente.

Me sentía como un niño que ha de aprender todo de nuevo. Debía aprender a comer de un modo que fuera compatible con aquella paz. Solía fumar marihuana y lo dejé por completo. Me hallaba en un estado de total claridad y no deseaba que se empañase ni una pizca. Debía aprender a ir a clase y hacer exámenes permaneciendo perfectamente centrado. Estaba cursando un programa de doctorado con una beca y no me quedaba otro remedio que usar el intelecto sin perturbar la paz, que ahora amaba incluso más que mi propia vida.

Durante las siguientes semanas me sentía como si hubiera vuelto a nacer y anhelaba volver a aquel estado profundo. De hecho, entraba en un estado elevado cada vez que meditaba. Un velo se había rasgado en mi interior y visitar dicho estado se había vuelto natural para mí. Comencé a levantarme a las tres de la madrugada para poder prolongar las meditaciones, y durante el día aprovechaba cualquier oportunidad para meditar. Solo una pequeña parte de mi vida estaba dirigida hacia lo externo; principalmente me dedicaba a aprender a permanecer en mi centro mientras se desarrollaban los acontecimientos externos, sintiéndome en paz.

Sin embargo, no pude mantener tal desapego durante mucho tiempo. Al cabo de dos o tres semanas comenzó a haber fisuras en mi inexpugnable paz interior que permitieron que la voz de la mente se filtrara en aquel santuario de silencio. Luché con todas mis fuerzas para retornar a ese estado, pero el propio acto de luchar no era compatible con el silencio absoluto. No podía hacer nada, tan solo observar impotente cómo «la tierra más allá de mis sueños» sucumbía ante el ruido interior. Todavía no se me pasaba por la cabeza que tenía la opción de abandonar mis actividades externas para tratar de mantenerme en un estado de paz; ese capítulo llegó un poco después.

Si bien aquella honda paz interior había comenzado a desvanecerse, nunca volví del todo a mi estado anterior, ya que me había distanciado mucho tanto de los pensamientos como de las emociones. También se produjo otro cambio fundamental: experimentaba un constante flujo interior de energía que ascendía hasta el punto situado entre las cejas. Formaba un vórtice que dirigía la atención hacia allí, hasta tal punto que cuando miraba algo era como si la atención partiera de la frente en lugar de los ojos, lo cual no afectaba mi capacidad visual y me ayudaba a no desviarme demasiado del estado meditativo. Lo curioso es que yo no hacía nada para concentrarme en aquel flujo de energía, era algo que ocurría por sí solo. Únicamente era consciente de que nunca antes lo había experimentado y ahora era permanente.

Esa fuerza que atraía la atención al punto situado entre las cejas se convirtió en mi maestra y mi amiga. Ahora tenía dos opciones cuando se activaba la voz: prestarle atención o bien seguir concentrado en aquel flujo interior de energía. Finalmente me di cuenta de que si no deseaba escuchar mi parloteo interior, bastaba con aumentar levemente la concentración en el flujo de energía que ascendía hasta la frente; de este modo, los pensamientos atravesaban la mente sin molestarme. Dejar pasar los pensamientos se convirtió en un juego; de hecho, comencé a experimentar la vida con mayor ligereza que antes. Aunque mi melodrama personal seguía ocupando a veces mi atención, no podía arrastrarme. Se me había concedido ese flujo energético para ayudarme en mi camino de liberación, y lo más importante: ahora sabía lo que era la desaparición del yo. Mi intención era firme y resuelta: al margen de lo que supusiera o del tiempo que me llevara, iba a encontrar el camino de vuelta a ese estado más allá de la mente.

Pero no transcurrió mucho tiempo antes de que comenzaran a producirse modificaciones en mi vida de intensidad similar a los cambios internos que estaba atravesando. Todo empezó con Shelly: un buen día me dijo que había llegado el momento de seguir caminos separados. Su decisión me pilló totalmente por sorpresa. Si bien solo llevábamos casados un año y medio, mi vida había girado en torno a ella durante los últimos años. Traté de retenerla en vano, hasta que, en un momento dado, tuve una revelación: la gran fuerza de mi personalidad y mi intelecto no le habían dejado suficiente espacio para respirar. Si la amaba de verdad, debía dejar que se fuera. Justamente tenía un amigo que buscaba a alguien para que le cuidara la casa en su ausencia, de modo que le ofrecí mi disponibilidad aprovechando la coyuntura, y me mudé para comenzar el proceso de cuidar de un corazón partido.

El repentino cambio en mi vida externa ejerció un profundo efecto en mi trabajo interior. Estaba totalmente comprometido con la práctica de la meditación, y explorar el estado interior de paz profunda se había convertido en el propósito de mi existencia; además, ahora disponía de otra poderosa fuente de inspiración: estaba observando a un ser humano que padecía un dolor casi insoportable. Mi corazón rezumaba dolor sin interrupción y mi mente estaba literalmente resquebrajada. Era como si me hubieran despojado del fundamento sobre el que se asentaba mi identidad y mi yo personal descendiera en caída libre. No sabía cómo recomponerlo y ni siquiera lo deseaba.

Si me concentraba muy profundamente durante la meditación, toda aquella confusión se desvanecía y daba paso a la paz y el silencio; aunque este último no era tan sólido como antes, me proporcionaba un lugar donde reposar; sin embargo, una vez dejaba de meditar, regresaba a mi estado de dolor y confusión. Así pues, mi experiencia diaria oscilaba ahora entre el cielo y el infierno: ya no había términos medios en mi vida. Mi antigua forma de ser se había ido para siempre. De un solo golpe, aquel que había sido yo dejó de existir.

Cada vez me dedicaba más a la meditación. No solo era un modo de escapar del dolor, sino que además le daba sentido a mi vida. Me había comprometido a trascender la mente de un modo permanente, y los cambios por los que atravesaba estaban contribuyendo a que me deshiciera de un parte de mí que me impedía seguir avanzando. La persona que se expresaba por medio de la voz del pensamiento ya no estaba tan segura de sí misma; de hecho, se hallaba totalmente desorientada. Las últimas circunstancias la habían hecho más humilde. Creía sabérselo todo, pero estaba equivocada. Desde luego, resultaba más sencillo desprenderse de ella ahora que estaba hecha añicos.

Durante esa etapa observaba con suma atención el modo en que trataba de redefinirse mi identidad. En lugar de un hombre casado con una trayectoria profesional definida, mis pensamientos comenzaron a imaginarme como un meditador en busca de una verdad más profunda. Pero incluso en aquel entonces, no deseaba sentirme mejor creando otra imagen de mí mismo. Cada vez que advertía que los pensamientos se agrupaban para formar un nuevo «yo», los dispersaba. Pese a que me resultaba muy doloroso, estaba dispuesto a despojarme de todo ello si eso me permitía seguir mi exploración hasta las últimas consecuencias.

Finalmente me mudé cuando mi amigo regresó a su casa. No me importaba dónde vivir siempre y cuando estuviera solo. Mi vida era bien sencilla: consistía en meditar, practicar un poco de yoga y asistir a clase de forma periódica. Mis únicas posesiones eran los libros de texto, algo de ropa y mi furgoneta. Recuerdo que solía conducir durante mucho tiempo por los campos de las inmediaciones de Gainesville. En una ocasión había encontrado un paraje precioso en las proximidades de una ciudad cercana donde había una mina de cal abandonada llena de agua cristalina y rodeada de una vasta arboleda de robles y pinos; así pues, decidí volver para quedarme a vivir.

Poco a poco estaba convirtiéndome en un ermitaño; no para huir de algo, sino más bien para adentrarme en mí mismo. Mi intención era clara en todo momento: deseaba volver a ese estado interior profundo. El problema era que no tenía ni idea de qué hacer con mi yo personal, también conocido como Mickey. Su propia existencia frenaba mi avance. Si no me ocupaba de él, inevitablemente llevaría la atención a su melodrama personal, justamente en dirección contraria hacia el lugar anhelado. Mickey era mi parte inferior y extravertida, mientras que yo deseaba ascender y profundizar en mi interior. En aquellos días tenía bien claro que él era el problema y que tenía que irse. Estaba decidido a librarme de él a toda costa, pero no sabía cómo.

6
La frontera sur

Se aproximaba el verano de 1971 y pronto acabarían las clases. Estaba cursando el segundo año de posgrado y aunque no había asistido a clase con regularidad, seguía sacando buenas notas. Estudiaba justo lo necesario para obtener buenos resultados en los exámenes finales y los trabajos. No albergaba ninguna duda sobre cuál iba a ser mi ocupación durante el verano: por supuesto, seguir practicando yoga y meditación. Pero ¿dónde lo haría?

Probablemente esa fue la primera vez en mi vida en que advertí que había un tema recurrente en los acontecimientos que iban sucediéndome. Comenzó cuando, de un modo inesperado, un compañero de clase me preguntó si había estado alguna vez en México, y añadió que era un lugar interesante para visitar. Poco después, estando en una librería, casi me tropecé con una guía turística de México que alguien había dejado en el suelo. Esto me llevó a pensar que quizá debía irme de viaje un tiempo y quizá México fuera un destino adecuado. Y la gota que colmó el vaso: en una gasolinera encontré un mapa de ese país encima del surtidor que estaba usando. Fueron suficientes señales: decidí viajar hasta allí.

No sabía adónde dirigirme, ya que México es un país enorme. Pero me daba lo mismo; simplemente iría y dejaría que las cosas sucedieran. Naturalmente, mis allegados no veían con buenos ojos que me fuera solo sin planificación alguna. Recibí un gran número de advertencias sobre bandidos y recomendaciones acerca de evitar el contacto con extraños. Hablaba un poco de español, lo justo para meterme en líos. Con poco más que eso, partí rumbo a México.

Atravesé los estados de la costa del Golfo y bajé hacia Texas, y mientras conducía me concentraba en la respiración y pronunciaba el sonido *mu* desde el abdomen. Lo último que deseaba era escuchar mi charla mental durante todo el día. Cada noche paraba en algún bosque, meditaba un rato y me iba a dormir. A ese ritmo, me llevó unos cuantos días llegar a la zona norte-centro de México, que fue donde terminé mi periplo.

Una tarde en la que conducía por una carretera rural, no conseguí encontrar ningún bosque para pasar la noche y no sabía qué hacer. Así pues, acabé saliéndome de la carretera y ascendiendo por una de las estribaciones menos empinadas hasta que llegué a un punto con una vista espectacular en lo alto de un prado. Como no vi vallas ni casas por los alrededores, decidí pernoctar allí mismo.

A la mañana siguiente, la impresionante belleza del paisaje me dejó sin habla. La niebla cubría los campos y pude contemplar todos los colores del amanecer. Era un escenario tan hermoso que realicé la práctica de yoga y meditación al aire libre. La meditación fue muy profunda y el eco de la paz que anhelaba embargó todo mi ser. Permanecí en aquella colina cubierta de hierba durante varias semanas y cada día aumentaba el tiempo dedicado al yoga y la meditación. La mente estaba aquietándose y mi corazón comenzaba a respirar de nuevo.

Una mañana me asusté al oír unos golpecitos en la puerta

lateral de la furgoneta. ¿Me habrían encontrado finalmente los bandidos o sería el dueño de aquellas tierras que venía a echarme a punta de pistola? Al abrir la puerta, vi a un niño de unos ocho años que portaba un recipiente.

«Esta leche es de mi mamá para el americano de la colina».

Con gran dificultad logré traducir la frase al inglés. Me sentía conmovido y le agradecí el detalle enormemente. Como de costumbre, había pensado lo peor y resultó ser un acto de bondad que había tenido lugar en medio de la nada en México.

Poco a poco, iba aprendiendo que la vida no era tan frágil como me había llevado a pensar la voz de la cabeza. Te ofrece la oportunidad de vivir multitud de experiencias solamente si estás abierto a tenerlas, y lo que es más importante: fue la primera vez que atribuí a la vida la sucesión de acontecimientos que estaba desplegándose ante mí. Al fin y al cabo, yo no había pedido un lugar perfecto para pasar unas semanas en meditación y soledad, y, menos aún, la amable visita de aquel niño; la vida me había proporcionado todo eso; solo tenía que fluir con ella. Estaba comenzando a considerar estas experiencias como un regalo de la vida.

7
Desconectar el botón de alarma

Aunque la estancia en México fue positiva, había llegado el momento de emprender el viaje de vuelta; cuando estaba cayendo el día me encontré un pequeño lago al que se accedía por un camino de tierra ideal para pernoctar. Era un paraje tan apacible que al día siguiente decidí quedarme a disfrutar del agua después de la práctica matinal. Cuando llegó la hora de la meditación de la tarde, ascendí a pie por una colina y localicé un lugar apartado, donde inicié la práctica con unas posturas de yoga.

Hacia la mitad de la sesión me pareció oír unas voces lejanas; si bien comencé a sentirme incómodo, no estaba dispuesto a rendirme ante esa persona atemorizada que percibía en mi interior; así pues, me relajé más profundamente en la postura y la ansiedad fue disminuyendo.

Algo más tarde volvió a sobresaltarme el resoplido de un caballo mucho más cerca de lo que habían sonado las voces. Con seguridad se trataba de bandidos. Muy pronto, tanto las voces como los caballos estaban a tiro de piedra. No puede decirse que estuviera relajado, más bien al contrario: me sentía vulnerable y estaba asustado y sumamente preocupado por lo que estuvieran pensando de mí aquellos individuos.

Todo mi ser deseaba acabar la sesión de yoga de inmediato y abrir los ojos para saber cuál era el peligro al que me enfrentaba; pero contaba con una aliada: la autodisciplina que había desarrollado para liberarme de aquella persona asustada de mi interior. En medio de esa zozobra, recordé mi férrea resolución: por nada del mundo debía desaprovechar la oportunidad de trascender aquella conmoción interna. Así pues, apreté los ojos con fuerza desafiando todos mis miedos e inspiré profundamente. Necesitaba un estado de relajación en medio de aquel drama.

Una vez acababa la secuencia de yoga, por lo general solía sentarme en meditación durante media hora. Pero en aquella ocasión la voz me suplicaba que me saltara ese paso. Al fin y al cabo, los caballos no se habían ido. Oía claramente su respiración intercalada con el cuchicheo periódico de los jinetes, justo delante de mí. En realidad, no había ninguna decisión que tomar: por entonces ya tenía claro que esa persona amedrentada de mi interior me impedía avanzar hacia el lugar de paz al que deseaba volver desesperadamente. Tenía que librame de ella, de modo que inspiré profundamente y adopté la postura de loto. Comencé a pronunciar el sonido *mu* en el abdomen tratando de acallar en vano lo que la voz trataba de decirme. Debía posicionarme: ¿qué era más importante para mí, el mundo interno o el externo?

Cuando finalmente abrí los ojos, vi dos caballos parados justo enfrente de mí, a una distancia que no superaba los tres metros. Los montaban unos jinetes que más bien parecían peones de rancho que bandidos. Ambos fumaban y uno de ellos estaba sentado a mujeriegas mirando al otro. Al darse cuenta de que ya había vuelto al mundo, comenzaron a hablarme en español y me quedé un tanto sorprendido al comprobar que entendía la mayor parte de lo que decían; además, el hecho de que me hablaran era una buena señal y empecé a sentirme aliviado. Lo que ocurrió a continuación dejó una huella indeleble en mi mente que no permitió que el temor siguiera dirigiendo mi vida.

En algún punto de la conversación los hombres me preguntaron si la furgoneta aparcada junto al lago era mía; de inmediato, la voz me aconsejó obrar con precaución, porque podrían tener intención de robarme; pero hice caso omiso de la advertencia y de buena gana alcé la mano cuando uno de los jinetes se ofreció para llevarme a caballo hasta mi vehículo. Yo era un joven de ciudad y montar a caballo en bañador con un desconocido mexicano era algo que no me ocurría todos los días. Mientras descendíamos por la colina, me embargó un sentimiento de paz en todo mi ser. Fue una experiencia preciosa que me habría perdido si me hubiera dejado llevar por el miedo.

Cuando llegamos a la furgoneta, mi acompañante me contó que tanto él como otros compañeros trabajaban la tierra para un rico hacendado que ni siquiera les permitía pescar en el lago: todos ellos vivían en una gran pobreza; también me indicó el camino hacia su aldea y me invitó a detenerme antes de mi partida al día siguiente. Ambos vaqueros se despidieron como si hubiéramos sido amigos de toda la vida y se alejaron cabalgando.

Me sentía inmensamente abierto y en conexión con la experiencia que acababa de vivir. A pesar de estar atravesando cambios muy profundos, recuerdo que esa noche agradecí a la vida aquel día tan especial. El dolor y la confusión de mi interior estaban disminuyendo, aunque el anhelo de paz y silencio absolutos seguía ardiendo en mi corazón.

A la mañana siguiente, recogí mis cosas después de la práctica matinal para continuar mi viaje hacia el norte; pero antes de partir decidí adentrarme por el camino de tierra para ver si encontraba la aldea de los vaqueros que había conocido el día anterior.

Pronto llegué a una aldea donde se agrupaban de quince a veinte casitas de adobe con tejados de paja. Si bien había leído sobre ello, nunca había visto una casa de barro con un tejado hecho de paja. Antes de darme tiempo a decidir si deseaba continuar con mi exploración, uno de mis nuevos amigos salió a darme la bienvenida.

Así pues, aparqué la furgoneta y seguí al entusiasmado vaquero mientras presentaba a su nuevo amigo estadounidense al resto del pueblo. Me quedé estupefacto al ver un lugar tan primitivo. Las casas tenían suelos de tierra y tan solo disponían de boquetes cuadrados en las paredes a modo de ventanas. Muchos de los lugareños me miraban como si nunca hubieran visto a un norteamericano en su vida, y pronto descubrí que, en efecto, así era. No recuerdo que la voz me molestara durante las horas que pasé entre ellos. Todo era tan nuevo, tan natural, tan llano... Me invitaron a sentarme en una casa donde había varias mujeres amamantando a sus bebés. Jamás había visto una escena parecida y me sentí avergonzado de que nuestra cultura hubiera distorsionado la naturaleza hasta el punto de que las cosas naturales de la vida hubieran dejado de serlo.

Cuando salimos de la choza continuamos la visita por la aldea y, mientras nos aproximábamos a la casita de mi amigo, este me preguntó si sabía montar a caballo. Le respondí afirmativamente, añadí que hacía varios años que no practicaba, aunque no le dije que la última vez que había montado había sido a los doce años en un campamento de verano y usando una montura inglesa. Entonces hizo algo inesperado: me entregó las riendas de su caballo y me señaló una zona de campo abierto. No había espacio para la timidez en ese momento. Coloqué un pie en el estribo y me senté en la montura con aire de saber lo que estaba haciendo. Siempre había pensado que galopar por el campo debía ser una experiencia fantástica y, de algún modo, este sueño se había hecho al fin realidad en un lugar perdido de México con unos desconocidos. Mientras me adaptaba al caballo, se congregó un grupo de lugareños para ver el espectáculo; finalmente, cabalgué como el viento por aquellos campos. Fue una experiencia sumamente gozosa y estimulante comparada con la estricta disciplina zen a la que había estado sometiéndome.

Pasé unas cuantas horas hablando sobre el estilo de vida norteamericano con algunos de los vecinos más curiosos, y después comencé a despedirme: aunque me habían invitado a quedarme a cenar, era la hora de mi práctica vespertina. Me acordé de que tenían prohibido pescar en el lago a pesar de sufrir escasez de alimentos, por lo que antes de irme fui a la furgoneta, saqué las abundantes provisiones de arroz integral y legumbres que almacenaba bajo el asiento trasero y se las regalé a las mujeres que preparaban la cena. Estas se mostraron tan agradecidas por el gesto que casi se me saltaron las lágrimas. Esa comida no tenía ninguna importancia para mí y, en cambio, significaba mucho para ellas. Aquella experiencia fue otra lección de la vida que nunca olvidaré: la alegría que produce ayudar a otras personas.

Cuando llegó el momento de partir, la gente rodeaba mi furgoneta para decirme adiós. Había vivido en silencio y soledad durante un mes sin tener contacto con ningún ser humano y ahora me había convertido en una celebridad. ¿Cómo había ocurrido?

No tenía duda: me había desprendido de mis miedos y como resultado había sucedido algo muy especial. Estaba dispuesto a afrontar la soledad y el temor sin aferrarme a nada, y, sin embargo, la experiencia que acababa de vivir se había manifestado sin mi intervención y sin haberla pedido. Acababan de plantarse las semillas para un gran experimento. ¿Era posible que la vida tuviera mucho más que ofrecernos de lo que jamás podríamos obtener nosotros?

8
Inspiración inesperada

MI VIAJE A MÉXICO RESULTÓ ENORMEMENTE transformador. Aprender a abrazar lo que iba presentándome la vida era una experiencia novedosa cuyos resultados habían sido sumamente liberadores. Regresé a Gainesville con el corazón y la mente mucho más en paz. El problema era que no tenía donde vivir, y como mi última residencia había sido la antigua mina de cal situada en un bosque al este de la ciudad, decidí retornar a aquel lugar apartado y vivir allí en la furgoneta. Solo necesitaba soledad, disponer de tiempo para llevar a cabo una práctica cada vez más prolongada y un mínimo de alimentos.

Era consciente de que cada vez tenía menos posibilidades de acabar el curso de doctorado. Si bien faltaban ya pocas clases, había que añadir los exámenes de calificación y la tesis. Pero ya no quería ser un profesor de economía; lo único que deseaba era seguir ahondando en mi interior y poder seguir profundizando en la meditación.

Consideraba al Dr. Goffman —director del Departamento de Economía de la universidad— como un padre y le apreciaba y respetaba enormemente; fue él quien me animó a que siguiera adelante y obtuviera el título. Pensaba que estaba atravesando una fase difícil de la juventud y que me repondría pronto. Me mantuvo la beca e insistió en que acabara al menos los trabajos del curso. Por respeto a él, seguía yendo a la ciudad para asistir a clase, aunque no muy a menudo.

Más tarde aprendería que todo en la vida tiene algo que enseñarte, que todo sirve para el desarrollo interior; pero todavía no estaba preparado para verlo. Para mí lo primero era la meditación y después estaba todo lo demás. Aunque los estudios no me parecían significativos para mi desarrollo interior, tuve una experiencia sumamente esclarecedora relacionada con una de las asignaturas que estudiaba.

El profesor era un respetado economista bastante conservador, y yo, además de faltar mucho a sus clases, asistía descalzo y en vaqueros, así que dudo mucho que me considerara uno de sus alumnos favoritos. Un día me preguntó si realmente esperaba sacar una buena nota en su asignatura, y añadió que, si bien me había esforzado lo suficiente como para hacer un buen examen, mi absentismo y falta de participación en clase no justificaban la obtención de una nota alta. Como todavía debía entregarle el trabajo final, le prometí realizar un esfuerzo extra y le pedí que basara mi calificación solamente en el examen y en ese trabajo. Me respondió que lo consideraría.

Finalmente llegó el momento de escribir el trabajo. Era consciente de que mi estado mental no era propicio para ir a la biblioteca y tratar de asimilar suficiente información como para hacer un trabajo brillante. Había meditado mucho y mi mente estaba en calma. De ninguna manera iba a pasarme varios días investigando y pensando sobre el tema; había de encontrar un método alternativo de escribirlo.

Una tarde reuní varios cuadernos y unos cuantos bolígrafos. Después de la sesión de meditación encendí la lámpara de queroseno y me senté en la mesa plegable de la furgoneta. En primer lugar, me recordé a mí mismo que en realidad no me importaba la nota, porque tenía pocas posibilidades de acabar el curso; de este modo, se disipó cualquier presión mental o emocional. Seguidamente, resolví escribir libremente los pensamientos que fueran surgiéndome sobre el tema. No disponía de libros de consulta, tan solo de la lógica natural de una mente clara y relajada. Comencé a escribir y fluyeron los pensamientos. No me preocupaba el contenido ni cuestionaba mis reflexiones. Estaba realizando un ejercicio meditativo: el yo personal no tenía cabida en él; solo había espacio para el fluir espontáneo de la inspiración.

En un momento dado, una chispa de inspiración brotó en mi interior. Pasé de no tener ni idea sobre lo que iba a tratar el trabajo a saber exactamente lo que debía escribir. Era como si la quietud de la mente me hubiera permitido el acceso a una fuente de conocimiento. Fue algo tan veloz y poderoso como un relámpago. Al principio no había ningún pensamiento, pero de repente supe de forma precisa el tema que iba a abordar y cómo iba a hacerlo. A continuación comenzaron a formarse pensamientos relacionados con el asunto, primero más lentamente y después fluyendo en abundancia. Lo único que hice fue organizar esas ideas de forma lógica. Fue un proceso increíble de observar.

Escribí incansablemente, cuaderno tras cuaderno, con una exposición absolutamente razonada que se iniciaba con una hipótesis, planteaba unos argumentos y llegaba a una conclusión final. Intercalé además varios gráficos que representaban relaciones lógicas, así como referencias a datos que había leído o escuchado en clase. Puesto que debía perfeccionarlos y añadir notas a pie de página, dejaba espacio para ello y proseguía con la escritura. No me detenía por ninguna causa; no había preocupación ni juicio alguno. Simplemente dejaba que el proceso se desarrollara por sí solo.

En la creación de una obra de arte el artista recibe la inspiración y después la plasma en el plano físico. Pues bien, esto es exactamente lo que me sucedió aquella noche en mi furgoneta. La inspiración acerca del tema que abordaría el trabajo me llegó de golpe y, posteriormente, la mente la asimiló y le dio forma. En lugar de una escultura, un cuadro o una sinfonía, mi obra de arte consistió en un tratado sobre economía, que procedía del mismo lugar donde se origina el arte, si bien el medio de expresión era el pensamiento lógico en vez de mármol o pinturas. Desconocía por completo de dónde había venido esa chispa de inspiración; lo único que sabía es que en un abrir y cerrar de ojos disponía de todo el material que necesitaba para escribir un trabajo de doctorado.

Los días siguientes me dediqué a mejorar el estilo y mecanografiarlo, y por fin lo entregué. Una vez mecanografiado, constaba de treinta hojas. El resultado fue que no solo saqué una nota excelente en la asignatura, sino que además, al devolverme el trabajo, el profesor me pidió que considerara hacer la tesis bajo su dirección. Fue una lección de humildad. No cabe duda de que la experiencia que viví aquella noche tuvo un profundo efecto en mí, como demuestra este relato escrito cuarenta años más tarde. Había comprendido la diferencia entre la inspiración creativa y el pensamiento lógico. Sabía dónde se originaban los pensamientos, ¿pero de dónde venía la inspiración? Sin duda, de un lugar mucho más profundo que aquel desde el cual observaba los pensamientos. Llegaba de un modo espontáneo, en absoluto silencio, sin esfuerzo ni alboroto. Por mucho que lo hubiera intentado, nunca habría podido redactar aquel trabajo valiéndome únicamente de la mente lógica. Me preguntaba si habría alguna forma de acceder al resplandor de la inspiración de forma regular. Me llevó algunos años darme cuenta de que es posible vivir permanentemente en un estado de inspiración creativa.

9
La tierra prometida

Habían transcurrido varios meses desde aquella experiencia de meditación profunda que tuve en el parque nacional de Ocala. Lo que quedaba de esa vivencia era un flujo constante de energía que ascendía hasta el punto situado entre las cejas y el deseo ardiente de seguir profundizando aún más. La intensidad de estas fuerzas no decreció ni un ápice con el tiempo; de hecho, el anhelo de ir más allá era más fuerte cada día. Me sentía como un enamorado que no podía ver a su amada. Comencé a considerar la idea de dejarlo todo para dedicarme a una vida de soledad. Tenía listos todos los trabajos del curso y no había ninguna prisa para hacer los exámenes.

Estaba convencido de que necesitaba un lugar lejos de todo para poder centrarme completamente en la práctica meditativa. Sabía que no podía acampar en la mina de cal para siempre, pero no me apetecía iniciar la búsqueda de un lugar solitario para vivir; así pues, resolví estar al tanto por si aparecía algo.

Y apareció.

Un día estaba llenando el depósito en una gasolinera cuando el operario me preguntó de repente dónde vivía. Le conté que aunque había estado viviendo en la furgoneta durante un tiempo, estaba buscando una finca en el campo, y me comentó que precisamente había visto un paraje precioso al noroeste de Gainesville donde había terrenos de dos hectáreas a la venta. Apunté la dirección y seguí mi camino.

Al cabo de unos días fui a conocer el lugar: April Gift Estates. Estaba situado en una zona boscosa a unos dieciséis kilómetros de Gainesville en dirección norte y consistía en veintiún terrenos de dos hectáreas y un par de caminos de tierra. Solo se habían vendido unas pocas fincas y no vi a una sola persona durante mi recorrido de inspección. Se respiraba tanta paz que casi entré en trance mientras conducía. Era un sitio perfecto.

Pronto llegué a un par de terrenos colindantes que disponían tanto de zonas de bosque como de prado. Era exactamente lo que buscaba. Aparqué y me adentré por el bosque hasta el campo interior. Atravesar la foresta y encontrar aquel espacio abierto fue una experiencia increíble: me envolvió una ráfaga de luz y un gran sentimiento de expansividad.

Ascendí por una colina ondulada hasta llegar a la valla situada en el lado norte de la propiedad. La finca lindaba con un precioso prado que descendía hacia un riachuelo rodeado de árboles. Toda la parte norte del terreno daba a esa impresionante vista. Me recordaba a la descripción que hizo Homero de los Campos Elíseos. Cuando regresé a la zona boscosa encontré un sitio bajo un árbol donde podía contemplarse el campo perteneciente a la finca y el hermoso prado a la derecha. El bosque era silencioso y protector; era como estar en el vientre materno. Me dispuse a meditar y, nada más sentarme, entré en un estado de meditación profunda. Cuando regresé, sabía que había encontrado mi nuevo hogar.

Aunque no me había comprado un terreno en mi vida, disponía de algo de dinero. Tras licenciarme, mi padre me había dado la suma que quedaba en mi cuenta bancaria universitaria, pues deseaba que me responsabilizara por completo de los estudios de posgrado. Ya que había tenido beca tanto para el máster como para el curso que estaba estudiando, había conseguido ahorrar la mayor parte de los 15.000 dólares que había recibido. Había llegado el momento de gastarlos.

Decidí tratar de adquirir los dos terrenos que contenían la zona de prado con la idea de disponer de la máxima privacidad. Antes de contactar con el dueño fijé la cantidad máxima que estaba dispuesto a pagar. Aunque la cifra era significativamente menor que el precio de venta, resolví que si el vendedor no aceptaba mi oferta, entonces la compra no debía llevarse a cabo. Me sentía en paz más allá del resultado, y parece que ese desapego me dio el margen que necesitaba para que la operación de compra fuera un éxito. Si bien lo había logrado, no sentía alegría, sino determinación. No tenía por delante un camino fácil. Me había comprometido a explorar aquello que me trascendía y había llegado el momento de entregarlo todo.

10
La construcción de una cabaña sagrada

BOB GOULD Y YO HABÍAMOS SIDO AMIGOS desde los primeros días de instituto. Ambos veníamos del norte y acabábamos de trasladarnos a Florida, por lo que éramos los chicos nuevos de décimo. Nos hicimos amigos de inmediato y nuestra amistad se mantuvo durante la época universitaria. Bob era un chico muy habilidoso, de esos que sobresalen en clase de plástica, y cuando llegó el momento de hacer una cabaña de meditación en mi finca no dejó pasar la oportunidad.

Ni Bob ni yo habíamos construido nunca una cabaña para vivir. Yo era bastante manitas y había trabajado como mecánico de coches deportivos cuando estaba en el instituto, pero la construcción de una casita era demasiado para nosotros. Así pues, recurrimos a Bobby Altman, un amigo de la universidad. No es que él tuviera más experiencia que nosotros en la materia, pero al menos acababa de finalizar un máster en arquitectura y disponía de un conocimiento teórico sobre cómo diseñar y edificar. ¿Sería muy complicado levantar una pequeña cabaña donde pudiera retirarme en soledad durante un tiempo?

Al parecer, Bobby Altman no pensaba que entrañase dificultad alguna. Rápidamente diseñó el proyecto, el cual incluía una maqueta de madera de balsa. Recuerdo que la primera vez que lo vi pensé que se había vuelto loco. Lejos de ser una simple cabañita de meditación, se trataba de una casa con tejado a un agua y una imponente fachada acristalada de cinco metros de ancho y seis de alto. Para ser sincero, yo me había imaginado una especie de cajón con una puerta y algunas ventanas. ¿Cómo tres universitarios sin experiencia constructiva iban a poder levantar aquello?

En cambio, Bobby Altman insistía en que la ejecución iba a resultarnos sencilla. Aunque yo no estaba muy convencido, Bob Gould se mostraba completamente a favor de seguir adelante; le agradaba la idea de pasar un tiempo construyendo la casa y viviendo en tiendas de campaña, y lo veía como un desafío divertido. Yo no compartía su punto de vista; ya tenía un desafío que me ocupaba las veinticuatro horas: regresar a ese amado lugar de paz y silencio absolutos; pero si antes tenía que edificar aquella obra maestra arquitectónica destinada a ser mi cabaña de meditación, que así fuera.

Nos pusimos manos a la obra con esa falta de sensatez que caracteriza a los hippies y los locos. Y resultó ser una experiencia increíble. Dado que había que reducir gastos, pues me quedaba poco dinero para invertir en el chalet, mis amigos sugirieron usar madera rústica en lugar de la madera lisa que suele adquirirse en los almacenes. Por avatares del destino, había un aserradero a poca distancia de la finca: Griffis Lumber & Sawmill. James Griffis y su esposa eran auténticos sureños, no melenudos como nosotros. Todo el mundo nos miraba de reojo cada vez que comprábamos madera. Aparte del pelo, sobresalíamos por nuestros pedidos. Comenzamos con los pilares de ciprés que formarían la estructura de la casa, de nueve metros, que también podríamos llamar árboles. James Griffis nos permitió escoger a mano los más rectos cuando llegaba el camión maderero. Tuvimos la oportunidad de ver cómo los operarios metían los árboles en el enorme aserradero y los cortaban en trozos de 15 × 15 cm, con un margen de error de alrededor de 1,25 cm. Observar el proceso de transformación de los árboles en la estructura de mi casa me generaba un sentimiento de reconexión con la tierra.

Con el tiempo, el señor Griffis comenzó a abrirse a nosotros. Un buen día, nos invitó a cenar a los tres a su casa, contigua al aserradero. Fue un auténtico acontecimiento, ya que para entonces llevábamos bastante tiempo viviendo en tiendas de campaña y cocinando lo que podíamos en una fogata. Sobre todo fue especial para mí, pues llevaba viviendo en la furgoneta, o bien en tienda de campaña, durante casi medio año. Además de poder tomar una comida casera, estar en una casa de verdad suponía una auténtica novedad para mí.

El hogar de los Griffis era una acogedora casa de campo. Las paredes eran de madera de ciprés Pecky, que presenta largas y estrechas cavidades, y había sido aserrada allí mismo hacía ya mucho tiempo. La señora Griffis había preparado una típica comida sureña con gran abundancia de verduras, ya que había oído que yo era vegetariano. La conversación fue cálida y amistosa, y daba la sensación de que éramos miembros de una misma familia. En un momento dado, el señor Griffis nos confesó algo que nunca olvidaré: «Antes de conoceros, pensábamos que los hippies eran los seres más sucios y mugrientos sobre la faz de la tierra, pero hemos llegado a apreciaros mucho, chicos». Fue uno de esos hermosos momentos que me llevaban a pensar: ¿de dónde vienen todas estas experiencias inolvidables? De algún modo, continuaba viviendo experiencias muy emotivas de las formas más inesperadas. Estaba empezando a sentirme verdaderamente anonadado.

Al cabo de unas semanas, la casa fue comenzando a tomar

forma. Una vez levantadas las paredes, podía empezar a sentirse el espacio interior. Entonces Bobby Altman planteó una cuestión en la que no había pensado hasta entonces: ¿quién iba a encargarse de la instalación eléctrica? Aunque era completamente inexperto en la materia, me ofrecí yo mismo. Así pues, Bobby me prestó un librito sobre el tema que guardaba de uno de sus cursos y dejó que me las arreglara yo solo. Su confianza en mi capacidad para ocuparme de la electricidad de la casa me dejó sin habla; pero si él pensaba que podía, entonces podría. Y así fue. Un gran maestro espiritual afirmó lo siguiente: «Cada día muerde un poco más de lo que puedas masticar y mastícalo». La vida estaba enseñándome importantes lecciones.

Pusimos suelo de pino por toda la casa, terrazas de cedro en la parte anterior y trasera de la vivienda, y contratamos a un fontanero para que se encargara de la instalación de tuberías superficiales de hierro fundido en el baño. Para entonces, la casa ya había adoptado una personalidad propia. Lo habíamos dado todo durante su construcción y estábamos sumamente orgullosos del resultado. Lo que había empezado como un proyecto para levantar rápidamente una simple cabaña de meditación se había convertido en una vivencia única; pero no se trataba de la experiencia que tanto anhelaba. Lo que deseaba realmente era retirarme en soledad y trabajar para alcanzar el único deseo de mi corazón: el silencio, la paz y la libertad absolutos. Una vez terminada la casa, había llegado el momento de centrarme en ello.

Noviembre de 1971: aunque me hubiera conformado con una cabañita de meditación, la vida tenía otros planes, como puedes comprobar en la foto.

Una vez acabada la casa, había llegado el momento de retirarme en soledad.

11
Ve a un monasterio

ME TRASLADÉ A MI NUEVA CASA EN NOVIEMBRE DE 1971. Recuerdo que era noviembre porque, justo antes de mudarme, mi hermana Kerry y su marido vinieron a visitarme desde Miami para celebrar el Día de Acción de Gracias; un gesto muy valiente por su parte, teniendo en cuenta que eran personas convencionales. Harvey era un exitoso contable, vivían en una bonita casa y estaban acostumbrados a disfrutar de todo tipo de comodidades. Cuando aparecieron me encontraron acabando la lista de tareas pendientes que debía llevar a cabo antes de mudarme. Harvey me ayudó a instalar las dos últimas ventanas y después insistió en festejar juntos la comida de Acción de Gracias, lo que significaba sentarnos en unas rocas al aire libre y cocinar lo que pudiéramos en una fogata. Me da la impresión de que vinieron para comprobar si todavía me quedaba algo de cordura. Había estado sin teléfono durante mucho tiempo y sin duda mi familia estaba preocupada por mí.

Una vez se fueron, me sentí aliviado y contento de volver a quedarme solo en mi preciosa casa nueva. Lo único que deseaba era un lugar sencillo para poder concentrarme totalmente en la meditación. Acababa de obtener un regalo de la mano invisible que dirigía mi vida. Así denominaba entonces a esa fuerza que movía los hilos de mi existencia. En los inicios de mi despertar había implorado ayuda internamente para saber quién era yo, el observador de aquella voz interior. Desde entonces era como si una fuerza externa procedente de arriba me hubiera agarrado de la coleta y estuviera elevándome. Toda mi vida externa me había sido arrebatada en un abrir y cerrar de ojos, y se me había mostrado, en su lugar, la belleza y la paz de un estado interior que todo lo trascendía. Ese toque de lo desconocido había prendido fuego en mi corazón. Una hoguera inextinguible ardía en lo profundo de mi ser. Era como una llamada interior que me instaba a regresar a mi verdadero hogar. En aquella fase de mi despertar, el único modo que conocía de cumplir mi propósito era someterme a una intensa disciplina de meditación zen. Sentado en el umbral de la puerta que daba al maravilloso paraje que la vida me había concedido para mi trabajo interior, agaché la cabeza con respeto. Esa casa era mi templo, mi monasterio, e hice el voto de usarla adecuadamente.

Me quedé muy sorprendido al comprobar que fui adoptando un estilo de vida monástico de manera natural. Todos los días me levantaba a las tres de la madrugada y meditaba durante unas cuantas horas; a continuación, me daba un paseo contemplativo por el campo. En aquellos tiempos, todavía me aferraba al concepto de que todo giraba en torno a la concentración. Cuando caminaba, era sumamente consciente de cada paso y de cada movimiento del cuerpo. Esta práctica me ayudaba a prolongar la paz que me producía la meditación matinal. Después hacía yoga al aire libre hasta que llegaba la hora de la meditación del mediodía. Me sometía a una férrea autodisciplina diaria. Se trataba de un estilo de vida sumamente estricto, totalmente diferente de nada que hubiera vivido hasta entonces. Pero al igual que un atleta está dispuesto a entrenar día y noche para las Olimpiadas, yo estaba decidido a darlo todo en cada momento, a fin de desprenderme de esa parte de mí que me impedía acceder al lugar al que deseaba volver desesperadamente.

No tardé mucho en percibir que la ingesta de alimentos influía considerablemente en la práctica que estaba realizando. Cuanto menos comía, más fácil me resultaba entrar en un estado meditativo, de modo que tanteé hasta dónde podía llegar sin comer y llegué a un punto de equilibrio que consistía en cenar una pequeña ensalada en días alternos y ayunar el resto del tiempo. Mi intención era abandonar toda posible fuente de distracción para poder centrarme plenamente en profundizar en mi interior.

La rutina nocturna se iniciaba al atardecer. De alguna forma, la puesta de sol me predisponía enormemente para la meditación. Siempre estaba sobre el cojín de meditación antes de la caída de la tarde, y tras unas cuantas horas meditando, finalmente me retiraba a dormir. Aunque no disponía de despertador, cada día me despertaba a las tres de la madrugada de manera espontánea e iniciaba de nuevo la práctica.

No sé de dónde saqué la idea de que, si me esforzaba lo suficiente, mi ser inferior se iría y me dejaría en paz, pero lo cierto es que viví de ese modo durante alrededor de un año y medio. La parte de mí que había dominado por completo mi anterior estilo de vida ya no tenía cabida en mi nueva etapa. Al no alimentarla, iba debilitándose cada día que pasaba. Pero esa parte ruidosa y exigente no desapareció; más bien comenzó a resignarse ante la intensidad de la disciplina. Aunque pensaba que el trabajo estaba funcionando, pronto caería en la cuenta de que estaba muy equivocado.

12
Cuando el discípulo está preparado, aparece el maestro

Aparte de las lecturas obligatorias, los libros nunca me habían llamado la atención. Pero así como *Los tres pilares del zen* había aparecido justo en el momento oportuno, otra obra llegó a mis manos poco antes de la mudanza. Me la había regalado Bob Merrill, un amigo que estaba bastante familiarizado con el yoga y la meditación.

Un día, cuando todavía vivía en la furgoneta, Bob me regaló un libro llamado *Autobiografía de un yogui*, de Paramahansa Yogananda, un maestro espiritual de la India. Recuerdo que inicié su lectura la misma tarde en que me lo dio, pero tuve que dejarlo pocas páginas después de empezar, no porque no me gustara, sino porque cada palabra me transportaba a un estado meditativo tan profundo que no me permitía seguir leyendo. A la noche siguiente volví a intentarlo y ocurrió exactamente lo mismo. No entendía lo que me pasaba y me intrigaba mucho averiguarlo. Finalmente, decidí guardarlo hasta después de la mudanza. Ahora que ya vivía en mi nueva casa y había comenzado mi estilo de vida meditativo, había llegado la hora de retomar su lectura.

Capítulo tras capítulo, el libro me transportó a un mundo que debería haberme resultado sumamente ajeno; sin embargo, debido al proceso por el que estaba pasando, al menos sentía que me identificaba con la vida de este santo. Era evidente que yo tan solo me había asomado al océano en el que nadaba Yogananda. Se trataba de un maestro de todo aquello que estaba buscando; lo sentía en el fondo de mi ser. Yogananda había llegado mucho más alto que yo en su búsqueda espiritual y nunca había regresado del todo. Había aprendido a vivir en ese estado sin abandonar el mundo. No cabía duda: había encontrado a mi maestro.

Si bien sentí un alivio inmediato al saber que ya no estaba solo en mi viaje interior, debía resolver algunos aspectos problemáticos. Para empezar, el término *Dios* no formaba parte de mi vocabulario; en cambio, Yogananda no solo usaba el término con toda naturalidad, sino con una devoción tan intensa que te dejaba sin habla. Su pasión por lo divino se revelaba sobre todo en sus cantos:

> *Mi corazón está ardiendo, y mi alma, envuelta en llamas, solo para Ti, solo para Ti.*

Curiosamente, me identificaba con ese apasionamiento. Desde que había tocado ese hermoso lugar en lo profundo de mí, mi corazón también ardía; de hecho, había perdido el interés por todo lo demás. Solo deseaba meditar para encontrar el camino de vuelta más allá de mí mismo. Podía entender que el concepto de Dios estaba relacionado con ese lugar oculto en lo más profundo de mí. El zen me había enseñado que el Buda atravesó el silencio y la paz absolutos antes de llegar al *nirvana*. Había oído que Cristo había afirmado: «El reino de Dios está dentro de vosotros», y sabía que la Biblia hablaba de «una paz que sobrepasa todo entendimiento». Conocía bien ese espacio interior donde había experimentado una paz tan honda que la totalidad de mi existencia se trastocó para siempre.

Otra palabra que no entendía muy bien al principio era *Espíritu*. Creía que se trataba de un término cristiano; sin embargo, Yogananda lo usaba constantemente. Hablaba de invocar al Espíritu y de sentirlo palpitando en su interior, y contaba que, en ocasiones, al levantar las manos sentía cómo el Espíritu entraba y salía de ellas. ¿Estaría refiriéndose a ese poderoso flujo de energía que experimentaba desde mi primera meditación profunda? Solía sentir cómo ese campo de energía fluía desde el punto situado entre las cejas, descendía por los brazos y salía por el centro de las palmas de las manos. ¿Podría ser *Espíritu* otro término para designar ese flujo energético, y el punto situado entre las cejas lo que Yogananda denominaba «tercer ojo» u «ojo espiritual»? Sentía que me identificaba cada vez más con sus enseñanzas.

Autobiografía de un yogui cambió mi forma de ver todo lo que me había sucedido. Cuando concluí su lectura, *Dios* no era tan solo una palabra para mí, sino que representaba el lugar hacia donde me dirigía. Había comenzado mi viaje interior impulsado por el deseo de saber quién era el observador de la voz de la mente. Ahora me daba cuenta de que los grandes santos y maestros de todas las tradiciones espirituales habían trascendido su yo personal para hallar su verdadero ser espiritual. Yogananda denominaba a este proceso «autorrealización». Era un término perfecto para definir el único interés que albergaba en aquel momento de mi vida. Deseaba conocer la naturaleza del observador, mi verdadero ser.

Bob Merrill me había contado que tomaba lecciones de la Self-Realization Fellowship, la organización que Yogananda había fundado en Estados Unidos. Si bien este maestro había abandonado el cuerpo en 1952, había tenido la generosidad de dejar sus enseñanzas en forma de lecciones semanales. Sabía que existían novias por encargo, pero nunca había oído hablar de gurús por correo. Sin pensármelo dos veces, me inscribí para recibir las lecciones y las integré en la práctica diaria. Recuerdo que por esa misma época decidí leer la Biblia. No conocía el Nuevo Testamento y me pareció sumamente inspirador; gran parte de las enseñanzas se correspondían por completo con mis experiencias meditativas. Por ejemplo, el concepto de que has de morir para renacer de nuevo. Eso era exactamente lo que había estado tratando de hacer: morir en lo personal para renacer en lo espiritual.

Coloqué imágenes de Cristo y Yogananda en el altar de la sala de meditación. Grandes seres habían hollado este camino antes que yo. Estaba empezando a darme cuenta de que no podía caminar solo y de que necesitaba ayuda.

Parte II
Comienza el gran experimento

13

El experimento de toda una vida

Hasta entonces mi camino hacia la libertad interior había girado en torno a la meditación; había recurrido a dicha práctica para encontrar un estado de paz y serenidad, y estaba dando resultado, hasta cierto punto. Si bien podía estar meditando durante horas sintiendo un maravilloso flujo de energía que me ayudaba a elevarme, no conseguía acceder al estado de conciencia que tanto anhelaba. Además, una vez acabada la meditación, la mente personal se activaba de nuevo nada más levantarme del cojín. Necesitaba ayuda, y un buen día llegó en forma de inspiración. Caí en la cuenta de que quizá había enfocado mal mi trabajo interior. En lugar de tratar de liberarme por medio de aquietar la mente, tal vez debía centrarme en averiguar qué era lo que la activaba tanto. ¿Qué motivaba mi parloteo interior? Si hacía frente a la causa del problema, este desaparecería.

Tal toma de conciencia abrió la puerta a una dimensión de la práctica completamente nueva y excitante. Mi autoindagación me llevó a darme cuenta de que la mayor parte de mi actividad mental estaba relacionada con mis gustos y aversiones. Cuando la mente prefería o rechazaba algo, expresaba activamente ese agrado o desagrado. Era obvio que las preferencias causaban gran parte del diálogo interior sobre cómo controlar todos los aspectos de mi vida. En un audaz intento de liberarme de esa atadura, resolví dejar de escuchar todo lo referido a mis preferencias personales y, en vez de eso, iniciar la práctica de aceptar todo lo que la vida me presentara. Quizá este cambio de enfoque podría ayudarme a encontrar la paz.

Comencé con algo muy simple: el tiempo. ¿De verdad era tan complicado dejar que lloviera en los días lluviosos y que saliera el sol en los soleados, sin quejarse? Aparentemente, la mente era incapaz de hacerlo:

«¿Por qué tiene que llover precisamente hoy? ¡Siempre llueve cuando no lo deseo; podía haber llovido durante el resto de la semana! ¡Qué mal!».

Simplemente sustituí todo ese ruido absurdo por:

«¡Qué bien, está lloviendo!».

La práctica de la aceptación resultó ser sumamente poderosa y, sin duda, me ayudó a calmar la mente; así pues, decidí ampliar la variedad de situaciones con las que practicar. Recuerdo a la perfección que resolví que cuando me resistiera a lo que me ofrecía la vida debido a mis preferencias, me desprendería de ellas y confiaría en la vida dejando que las cosas siguieran su curso.

Realmente se trataba de un terreno que no había explorado nunca. ¿Adónde me llevaría?, ¿qué me sucedería si dejaba de guiarme por mis preferencias? Lejos de asustarme, estos interrogantes me fascinaban. No deseaba controlar mi vida, sino que anhelaba ser libre para volar alto por encima de mí mismo.

Comencé a contemplar ese reto como un gran experimento. ¿Qué podría ocurrirme si abandonaba mis resistencias y permitía que el fluir de la vida tomara el mando? Las reglas del experimento eran bien simples: trataría cada suceso que la vida me presentara como una oportunidad para trascender el yo personal. Cuando este último se quejara, soltaría el deseo de control y me rendiría ante la realidad que estuviera expresándose en mi vida. De este modo, nació «el experimento rendición», y estaba absolutamente dispuesto a ver adónde me dirigía.

Quizá pienses que solo un loco podría haber tomado una decisión así. Lo cierto es que ya había vivido diversas experiencias asombrosas que me había traído la vida. Había sido testigo de las señales sutiles que me habían llevado a las montañas de México y a vivir momentos inolvidables con los campesinos mexicanos. Al regresar a Estados Unidos, había sido atraído hacia mi preciosa casa nueva, y lo que en un princicpio iba a ser la construcción de una simple cabaña se había convertido en una experiencia inesperadamente rica y constructiva. Era obvio que yo no había hecho nada, sino que *todo eso me había sucedido*. De hecho, si no me hubiera despojado de mi resistencia inicial, no hubieran tenido lugar tales experiencias. Me había pasado la mayor parte de mi vida creyendo que sabía lo que me convenía, pero todo apuntaba a que la vida lo sabía mucho mejor que yo. Iba a poner a prueba la suposición de que nada ocurre por casualidad hasta sus últimas consecuencias. Estaba dispuesto a arriesgarme a que la vida asumiera el mando.

14
La vida asume el mando

Si bien rendirse al fluir de la vida parecía una decisión atrevida, lo cierto es que no estaba demasiado expuesto a grandes desafíos, ya que pasaba la mayor parte del tiempo tranquilo, a solas en mi finca. Sin embargo, había una excepción. Seguía oficialmente en la universidad hasta que no hiciera los exámenes de calificación y la tesis, lo cual implicaba seguir recibiendo una beca de estudios y la obligación de impartir un curso al semestre de micro o macroeconomía. Tenía tres clases semanales de una hora de duración. Los días de clase realizaba las prácticas de yoga de la mañana y del mediodía, iba a la ciudad a dar clase y volvía a casa lo antes posible. No creo que mi compañía fuera especialmente grata, pues me había vuelto completamente insociable. A menos que algún alumno me formulara una pregunta después de clase, esquivaba las conversaciones todo lo posible. Siempre me ponía la misma ropa: unos vaqueros y una camisa vaquera de manga larga. Llevaba coleta y usaba sandalias, o bien iba directamente descalzo. Mi aspecto no hubiera llamado demasiado la atención en el Departamento de Filosofía, pero yo era profesor de primer curso en una escuela de negocios del sur de Estados Unidos. El departamento toleraba mi extravagancia solo porque me había convertido en un profesor muy popular y mis alumnos obtenían resultados excelentes en los exámenes.

Recuerdo una anécdota en la que me pasé de la raya. Me había propuesto ver si podía ir a la ciudad, dar la clase y volver a casa mientras mantenía la mente moderadamente en calma. Para lograrlo, debía potenciar un estado meditativo varias veces al día. Hacía yoga al aire libre antes de salir de casa y ejercicios de control de la respiración en la furgoneta, antes de entrar en el aula. Incluso hacía una pausa para aquietar la mente en clase, antes y después de la exposición del tema. Ese día concreto conduje hasta la universidad, realicé algunos ejercicios de respiración y entré en una gran aula llena de estudiantes. Por alguna razón, comenzaron a silbarme al entrar. Me llevó unos segundos aterrizar lo suficiente como para darme cuenta de que me había olvidado de ponerme la camisa al acabar la práctica de yoga. Aun cuando me había presentado en clase descalzo y medio desnudo, no me alteré lo más mínimo; simplemente pregunté a los alumnos si deseaban que canceláramos la clase o que siguiera adelante. La respuesta fue unánime, de modo que impartí mi clase de macroeconomía al margen de mi atuendo, o mejor dicho, de la falta de este.

Durante varios meses seguí llevando un estricto estilo de vida meditativo, aunque se suponía que estaba aprovechando ese tiempo para preparar los exámenes de doctorado. Naturalmente, aún no había abierto ni un solo libro y no tenía ninguna intención de hacerlo. Había dicho adiós a esa parte de mi vida, o al menos así lo pensaba.

Un día, al final de mi clase de economía, el Dr. Goffman salió a mi encuentro en el pasillo porque deseaba hablar conmigo. La voz de la cabeza se puso en alerta de inmediato intuyendo problemas. Él seguía siendo el director del departamento y, seguramente, habría llegado a sus oídos la anécdota de la camisa. Pero, como siempre, la voz estaba equivocada.

El Dr. Goffman me contó que le habían llamado por teléfono de la oficina del gobernador en Tallahassee. Al parecer, se había decidido construir en Gainesville uno de los centros de estudios superiores más importantes de Florida. Para ello, debían contar con un líder capacitado que no solo se hiciera cargo de las responsabilidades educativas, sino también de la recaudación de fondos y la gestión financiera. Así pues, el comité había elegido a uno de los más destacados banqueros del estado como presidente del nuevo centro. Mientras él hablaba, en mi mente se repetían los mismos pensamientos: «¿Por qué me cuenta todo esto?, ¿qué tiene que ver conmigo? Debería volver a casa».

Mis interrogantes obtuvieron una pronta respuesta: por lo visto, la legislación de Florida exigía que el presidente de un centro de estudios superiores fuera doctor, pero, Alan Robertson, el banquero elegido, no lo era. Dadas las circunstancias, habían pensado en ayudarle a adquirir el doctorado brindándole el apoyo de uno de los mejores estudiantes que tuviera una formación académica similar a la suya. Por sorprendente que parezca, yo había sido el estudiante elegido.

La voz interior se disparó. La observaba gritar: «¡No!, ¡no puedo hacer eso! ¡Ya lo dejé! Necesito entregarme a la práctica de la meditación y de ninguna manera voy a retomar mis antiguos libros de economía. ¡He terminado con todo eso!». En medio de estas protestas, recordé que el compromiso que acababa de adoptar consistía en rendirme ante lo que la vida me ofreciese. La voz que observaba no era mi consejera espiritual, sino un auténtico lastre, y ahora tenía la oportunidad de quitarle el mando.

Mientras el Dr. Goffmann esperaba mi respuesta, yo me sentía incapaz de pronunciar una respuesta afirmativa. Pero finalmente, me escuché decir en alto: «Sí, me gustaría ayudarlo, le daré clase».

La suerte estaba echada. Mi gran experimento de rendición había comenzado de verdad.

Había dejado de controlar mi vida.

15
El príncipe y el mendigo

Dar clases a Alan Robertson no modificó sustancialmente mi estilo de vida. Quedamos en aprovechar los días que yo impartía clase para trabajar un par de horas con él. Nos reuníamos en el despacho del rector del campus antiguo del Santa Fe College, en el centro, cerca de la universidad. Formábamos una curiosa pareja: Alan era un exitoso banquero de traje con chaleco y yo un yogui con coleta que llevaba vaqueros y sandalias. La verdad es que al principio no sabía a qué atenerme, pero Alan resultó ser una persona de mente abierta, excepcionalmente afectuosa. Además, estaba muy agradecido por mi ayuda.

Esto no quiere decir que no se dieran momentos incómodos. Nuestro primer choque estuvo relacionado con la retribución de mis servicios, pues le dije que no deseaba que me pagara nada por las clases, y, aunque insistió, yo mantuve una postura firme. Alan trató de hacerme ver que él era un exitoso banquero que se había convertido en rector, y yo, un estudiante que vivía con una beca de 250 dólares al mes. Si bien todo aquello era cierto y además me había gastado todos mis ahorros en la compra del terreno y la construcción de mi casa, yo estaba apoyándole con sus estudios como un acto de rendición al fluir de la vida y tenía bien claro que no deseaba que me pagara.

Con el tiempo, Alan aceptó que mantuviéramos una relación no comercial y nos hicimos buenos amigos. A veces venía a estudiar a mi casa y dábamos largos paseos. A él le agradaba conocer los detalles de mi peculiar forma de vida y yo disfrutaba de la compañía de aquella persona tan especial que se ocultaba tras un traje de banquero. Incluso en alguna ocasión llegué a aceptar la invitación a cenar de su mujer. A pesar de mi resistencia inicial, comencé a considerar nuestra relación como otro regalo mágico de la existencia.

Al cabo de algún tiempo, Alan ya había progresado lo suficiente como para presentarse a los exámenes de doctorado, y me sorprendió que me propusiera que yo hiciera lo mismo. Si bien no tenía ningún interés en ello, especialmente porque habíamos preparado únicamente dos de mis tres áreas principales de estudio, finalmente accedí a sus deseos. Me inscribí para los dos exámenes que habíamos preparado juntos con la intención de dejar el tercero para más adelante, si es que llegaba a presentarme alguna vez; pero cuando recibí la confirmación de la universidad me di cuenta de que en administración me habían inscrito por error en los tres. ¿Qué se suponía que debía hacer, rendirme y dejarlo estar?

Resolví observarme con objeto de descubrir el motivo por el que me asustaba tanto ese tercer examen. Si no tenía intención alguna de doctorarme, ¿por qué me importaba tanto? Descubrí que tenía miedo de decepcionar a los demás. Sabía que si me examinaba de finanzas públicas, un campo para el que no estaba preparado, suspendería miserablemente. La perspectiva de fracasar me inquietaba mucho y activó en mí un incesante monólogo interior sobre cómo esquivar la situación, hasta que caí en la cuenta de que me hallaba ante la oportunidad de liberarme de esa parte de mí. Ya no veía el fallo administrativo como un problema, sino como un desafío para dar un paso más en la senda de la liberación. De modo que tomé la decisión de presentarme a los tres exámenes y aceptar de buen grado la experiencia de suspender el tercero.

Los dos primeros exámenes fueron como la seda. Había trabajado mucho con Alan en la materia y la dominaba bastante. Cuando se aproximaba la fecha del tercer examen, me dispuse para afrontar lo inevitable: iba a enfrentarme al examen con resolución y a dejar que una parte de mi ego tuviera una muerte dolorosa.

Pero lo que acabó sucediendo me transformó para el resto de mi vida. El día anterior al examen cogí el libro de finanzas públicas por vez primera, lo saqué al exterior y lo dejé junto a mí mientras hacía yoga. Cuando finalicé la sesión, me sentía sereno y en paz, absolutamente preparado para afrontar la dura prueba que tendría lugar al día siguiente. Como para familiarizarme con la espada que iba a darme muerte, abrí el libro al azar y leí las dos páginas que aparecieron ante mis ojos. Repetí este ritual tres veces antes de alzar el libro hacia el cielo como una señal de mi disposición para rendirme.

Al día siguiente me observé atentamente para ver cómo reaccionaba la voz y, para mi sorpresa, descubrí que me sentía sumamente en paz con respecto a la prueba que se acercaba. Después de la meditación matinal, cogí de nuevo el libro de texto y volví a abrirlo al azar. Resultó uno de los tres lugares que me habían salido el día anterior. Revisé la compleja tabla que se mostraba en esa página y coloqué el libro en la estantería por última vez.

Más tarde me dirigí a la ciudad, aparqué cerca de la escuela de negocios y estuve meditando durante un rato antes de entrar. Seguía sintiéndome en calma, con un sentimiento de serena resignación. Había aprobado el verdadero examen: probar que era capaz de rendirme por completo cuando la vida me presentara una situación por la que no deseaba pasar.

Subí las escaleras que conducían al Departamento de Economía y la auxiliar me entregó el examen; mientras lo recogía eché un vistazo a las seis preguntas de desarrollo, de las que debía escoger tres; de pronto, me quedé helado y se me saltaron las lágrimas: tres de las preguntas trataban de los temas expuestos en las tres páginas que habían aparecido el día anterior al abrir el libro. Estaba atónito. Me quedé paralizado un largo rato, incapaz casi hasta de respirar.

¿Cómo podía ser? Había sucedido de nuevo. Me había rendido, había hecho frente a mis temores en nombre de la trascendencia y, en el último momento, en lugar de caer en el infierno, era ascendido hacia el cielo.

Entré en la sala y escribí sin parar. Las semillas de la inspiración estaban muy frescas en mi mente e incluso fui capaz de reproducir y adornar esa tabla que había visto únicamente dos veces. Entregué los cuadernillos y me fui casa en un estado de ánimo bien diferente al esperado. Esa mañana, mientras conducía, había sentido que la vida estaba exigiéndome que dejara morir una parte de mí; pero ahora me daba cuenta de que lo que realmente me pedía era que me quitara de en medio y la dejara actuar. Estaba muy contento de haber asumido el riesgo.

Al cabo de unos días, el Dr. Goffman me felicitó por la excelencia de mi examen de finanzas públicas. Aunque el reconocimiento del director del departamento debería haberme agradado, en realidad hizo que me sintiera culpable. Así pues, le relaté la historia del examen y le pregunté si creía que había obrado mal. El Dr. Goffman se levantó, me puso la mano sobre el hombro y me pidió que dejara de intentar ser tan humilde. A continuación, me indicó el camino para salir del despacho.

16
Seguir a lo invisible hacia lo desconocido

Para la primavera de 1972, había realizado los cursos y los exámenes de doctorado sin habérmelo propuesto. Solo me quedaba escribir la tesis. Como sabía que eso nunca sucedería, no volví a pensar en ello. El yoga y la meditación ocupaban toda mi vida.

Si bien había progresado considerablemente en la práctica meditativa, seguía percibiendo que algo me frenaba. Quizá podría ayudarme la práctica del kriya yoga, una técnica especial de meditación transmitida por Yogananda. Pero había un problema: era obligatorio haber recibido lecciones durante un año para reunir los requisitos necesarios. Así pues, decidí preguntar a Self-Realization Fellowship (SRF) si podían hacer una excepción en mi caso.

En aquellos tiempos apenas me llegaban cartas, de modo que me sorprendió mucho recibir dos en el mismo día: una de Self-Realization Fellowship y la otra de una organización que no conocía. Como me moría de ganas por conocer la respuesta de la SRF, abrí primero su carta, pero el alma se me cayó a los pies al leerla: debía esperar seis meses para poder aprender la técnica. No podía hacer nada, excepto dejar de alimentar la decepción que sentía. Respiré hondo y abrí la otra carta. Un vistazo fue suficiente para hacer desaparecer toda mi desilusión. El sobre contenía un folleto en el que aparecía el siguiente texto escrito en grandes letras, en negrita:

**Aprende kriya este verano
con un discípulo directo de Paramahansa Yogananda**

Una vez más, me quedé pasmado. Nunca había oído hablar de aquel grupo. Al parecer, se trataba de una consolidada comunidad de yoga ubicada en California; pero era imposible que me conocieran o que hubieran conseguido mi dirección. Yo era un ermitaño que vivía en un bosque de Florida. ¿Cómo habían podido llegar a la vez dos cartas que se hallaban perfectamente entrelazadas?

Al margen de la respuesta a esta misteriosa pregunta, ya tenía claro adónde debía viajar ese verano: a aquella comunidad espiritual del norte de California. Cuando las señales son tan evidentes, no resulta complicado seguirlas. Sin embargo, mi compromiso de dejarme guiar por la vida sufrió varios desafíos antes de partir hacia mi aventura californiana.

Poco tiempo después de haber recibido estas cartas, el Dr. Goffman se puso en contacto conmigo para hacerme saber que Alan Robertson estaba tratando de localizarme. No habíamos vuelto a vernos, ya que ambos habíamos aprobado los exámenes. Así pues, contacté con él y me contó que acababan de terminarse las obras del nuevo campus del Santa Fe College; Alan estaba reclutando profesores para el centro y quería que yo formara parte del personal docente, aunque solo fuera a tiempo parcial. Me quedé muy callado. No tenía ningún interés en ser profesor ni allí ni en ninguna otra institución. Mi único objetivo era seguir profundizando en la práctica meditativa hasta fundirme con los maravillosos estados que había descubierto en mi interior. Traté de explicárselo a Alan, pero se negó a escucharme. Finalmente me dijo: «No se trata de una petición, sino de una orden». Con la boca seca logré pronunciar las palabras que mi corazón no deseaba expresar: «Sí, cuenta conmigo para ser profesor a tiempo parcial. ¿Qué tengo que hacer?».

Rendición: ¡qué término tan sorprendentemente poderoso! Si bien esta palabra suele transmitir la idea de debilidad y cobardía, en mi caso supuso armarme de valor para atreverme a seguir a lo invisible hacia lo desconocido. Eso era exactamente lo que estaba haciendo; no tenía ni idea de hacia dónde me dirigía, pero el hecho de rendirme me aportó claridad en un punto esencial: mis preferencias y aversiones no iban a guiar mi vida. Al liberarme del dominio que ejercían sobre mí esas poderosas fuerzas, estaba permitiendo que mi vida fuera dirigida por un poder superior: la vida misma.

En esa etapa de mi desarrollo espiritual, me di cuenta de que la práctica de la rendición constaba de dos pasos bien definidos: en primer lugar, desprenderte de las reacciones personales de agrado y aversión que tienen lugar en los planos mental y emocional, y, en segundo lugar, con la claridad mental que es consecuencia directa del paso anterior, mostrarte receptivo para ver qué exigen de ti las circunstancias en cada momento. ¿Cómo te comportarías si no vivieras bajo la influencia de tus preferencias y aversiones? Seguir esta orientación profunda te encamina hacia una dirección bien diferente de aquella adonde te conducirían las inclinaciones personales. En esto consistía mi experimento de rendición, el cual se convirtió en el pilar tanto de mi vida espiritual como de mi vida en el mundo.

17
Mi primera entrevista de trabajo

ME HABÍA PASADO ESTUDIANDO la mayor parte de mi vida y, con la excepción del período que trabajé como mecánico de coches deportivos después de clase cuando estaba en el instituto, únicamente había trabajado durante los veranos. En realidad, no había tenido nunca una entrevista de trabajo. Alan me concertó una cita con la directora de programa para definir qué puesto iba a ocupar en el nuevo centro.

Me presenté a la entrevista con mi atuendo habitual: pantalones vaqueros, camisa vaquera y sandalias. Si bien el campus ubicado en el centro de Santa Fe era bastante liberal, desconocía la línea del nuevo campus del que Alan era rector. La directora me preguntó qué asignatura deseaba impartir, y como me pareció que debía responder honestamente, le contesté que estaba interesado en transmitir todo lo que había estado aprendiendo acerca de la voz de la mente; deseaba explicar a los alumnos los motivos por los que no deberían escuchar su charla incesante y hacerles ver que poseen la libertad de vivir desde un espacio interior mucho más profundo; también deseaba hacer hincapié en que somos habitantes de un diminuto planeta que se mueve por el espacio y deberíamos disfrutar de nuestro viaje existencial. Para mi sorpresa, me respondió que lo único que podría encajar con mi propuesta era la asignatura de ciencias sociales del primer curso. Se trataba de una materia obligatoria para todos los estudiantes de primero y todavía hacía falta un profesor que se encargara de un tercio de las clases. También me informó de que impartir la asignatura supondría ocupar un puesto a tiempo parcial en el centro. Acepté las condiciones y ella fijó la fecha de mi primera clase para septiembre, coincidiendo con la apertura oficial del campus.

¡Cuántas novedades! La vida no solo me enviaba a pasar el verano a California, sino que también me señalaba lo que debía hacer a la vuelta. Todo estaba sucediendo por sí mismo y yo únicamente me dejaba llevar. En realidad no sabía de qué iba hablar en mi nueva clase, ya que aún no había transmitido a nadie lo que había aprendido sobre la voz, y menos a toda una clase. Mi yo personal comenzó a sentirse inseguro y para enderezarlo establecí una regla básica: no pensar en las clases ni en lo que enseñaría en ellas hasta el momento de entrar por la puerta el primer día. Estaba decidido a acudir a la primera clase con la mente totalmente vacía, como aquella vez en la que escribí un trabajo con la única ayuda de la inspiración. Simplemente iba a ir a clase y ver qué surgía.

Con estas intrusiones del mundo exterior que empezaban a quitarme tiempo, había comenzado a apreciar aún más los períodos de soledad que pasaba en mi finca. Sin embargo, a pesar de todos mis esfuerzos para proteger mi aislamiento, había gente que acababa encontrándome, como fue el caso de Sandy Boome, una practicante de meditación budista a la que le gustaba disfrutar de la naturaleza. No recuerdo bien de dónde vino, pero lo cierto es que un buen día apareció y comenzó a dar paseos por mi propiedad. Procuraba respetar mi privacidad; tan solo deseaba estar en el campo y meditar al aire libre. Todo fue bien hasta que un buen día me preguntó si podía montar su tienda en el otro extremo de la finca para poder meditar. La verdad es que no deseaba permitírselo, pero ¿quién era yo para impedir que alguien meditara? Finalmente, se atrevió a pedirme si podía meditar conmigo los domingos por la mañana, solo durante una hora. Recuerdo bien que accedí únicamente debido a la gran resistencia que opuso la voz interior ante aquella propuesta.

Con el tiempo, Sandy comenzó a traer unos cuantos amigos a las meditaciones dominicales. Primero tres, después seis y finalmente diez. Aunque no me gustaba nada todo aquello, no tenía derecho a detenerlo. A menudo me quedaba meditando en el piso de arriba mientras mis invitados lo hacían en la planta baja. Así se inició la meditación del domingo por la mañana en casa de Mickey en la primavera de 1972, una tradición que ha continuado cada domingo durante más de cuarenta años.

Mientras tanto, se aproximaba el verano y había llegado el momento de preparar el viaje a California. Tenía pensado vivir en la furgoneta en la comunidad espiritual durante tres o cuatro semanas y volver a casa para el comienzo de curso. El viaje me llevó alrededor de diez días, ya que continué realizando las sesiones de meditación durante todo el trayecto. La comunidad se encontraba en un entorno rural y consistía en una gran extensión de terreno donde se habían construido numerosas cabañas rústicas. Sus habitantes parecían del tipo «de vuelta a lo natural» y encajé perfectamente. Cuando estaba inscribiéndome vi unas etiquetas especiales que se daban a la gente que deseaba permanecer en silencio, y como no tenía ningún interés en conocer gente o entablar nuevas amistades —solo serían una distracción para mi trabajo interior— decidí intensificar la práctica y pasar a una fase más estricta: guardaría silencio durante toda la estancia.

Dado que no había donde acampar cerca de la zona del templo, simplemente estacioné la furgoneta en el aparcamiento de tierra más cercano. Allí viviría durante unas semanas. Una vez ubicado, realicé en el templo la sesión de yoga y meditación de la tarde. Si bien estaba acostumbrado a la soledad, me di cuenta en el acto de que me encontraría bien allí. La gente entendía lo que estaba haciendo y me dejaban practicar tranquilo. Continué ayunando tres veces por semana y degustaba a solas la ensalada los días que me tocaba comer. Aunque no era muy sociable, acudí a la meditación nocturna y a los cantos que tenían lugar en el templo. De hecho, allí conocí por primera vez las canciones orientales. Al estar en silencio, no participaba activamente, pero percibía claramente cómo se elevaba la energía del lugar con aquellas melodías.

Habría continuado de este modo durante todo el retiro de no ser por un sueño. Casi nunca soñaba, y cuando lo hacía, los sueños no parecían ser especialmente significativos; pero una noche tuve uno excepcionalmente lúcido que ejerció un profundo efecto en mí. Soñé que estaba practicando la meditación caminando propia del zen en absoluta concentración; iba colocando un pie delante del otro muy conscientemente, a medida que me aproximaba a la entrada de una gruta. Después, penetré en ella y avancé en medio de la oscuridad que se extendía ante mí. Cuando ya no se veía nada, cogí una antorcha que encontré en una de las paredes de la caverna. La encendí y seguí andando. Percibí que el aire iba escaseando a medida que avanzaba. Sentía de un modo muy intenso que tenía un propósito: iba a explorar a fondo aquella gruta desconocida hasta encontrar lo que estaba buscando y nada podría impedírmelo.

Entonces comencé a vislumbrar una tenue luz en la distancia. Aunque ni un solo pensamiento pasó por mi mente, supe de manera intuitiva que debía dirigirme hacia ella. Al ir acercándome, vi que la luz procedía de arriba e iluminaba la cueva. Cuanto más me aproximaba al origen de aquella luz, más escaso era el aire. Apenas podía respirar, pero seguí caminando. La experiencia era parecida a lo que me estaba sucediendo cuando meditaba. Durante las meditaciones más profundas la respiración se ralentizaba hasta que cesaba por completo de forma natural. Desconozco cuánto tiempo duraba ese estado sin respiración, pero, de pronto, regresaba tratando de respirar con todas mis fuerzas. En un momento dado, mi periplo por la gruta era como estar reviviendo ese estado que solía atravesar durante la meditación.

Ya casi había llegado. Un torrente de luz iluminaba el suelo justo por delante de mí. Aunque creía que iba a desmayarme debido a la falta de oxígeno, conseguí dar un último paso hacia la luz. Un instante después, me hallaba completamente inundado por una luz cegadora, al tiempo que detectaba con las manos una rejilla de metal situada en el techo de la cueva: no había salida.

Ni un solo pensamiento atravesó mi mente, ni un solo suspiro salió de mis labios. Comencé a retroceder con la misma firme resolución que me había llevado a avanzar hasta el final. Ahora sabía que tenía que encontrar otra vía.

18
Soltar la cuerda

Cuando desperté de aquel sueño era otra persona. Mi modo de pensar se había transformado a un nivel muy profundo. Por primera vez comencé a cuestionarme si aumentar la disciplina iba a llevarme al lugar al que anhelaba llegar desesperadamente. Mientras meditaba a solas en mi furgoneta aquella mañana, supe que la respuesta era negativa. El camino hacia la liberación verdadera era demasiado sutil como para que la respuesta fuera intensificar la austeridad.

Aquella noche, una fuente superior de sabiduría había penetrado en mi psiquismo y había reorganizado por completo la relación que yo mantenía conmigo mismo. Ya no consideraba el aspecto inferior de mí mismo, con todos sus problemas y dramas personales, como un enemigo que había de ser destruido; ahora lo contemplaba con una comprensión nueva; necesitaba utilizar esas conflictivas energías personales para mi ascenso. Ahora veía claro que el problema era también la solución. Comencé a sentir cierta compasión hacia esa persona que luchaba en mi interior. Más tarde supe que el *Bhagavad Gita* afirma que no se trata de aplastar el ser inferior, sino de elevarlo manteniendo la conexión con el Ser. Yo había estado pisoteando mi yo personal con el objetivo de liberarme de su aspecto humano, pero en realidad necesitaba aprender a elevar esas energías para que me ayudaran durante mi andadura.

Salí de la furgoneta y me encaminé hacia el templo sintiéndome mucho más ligero y abierto, como si deseara desatarme y desplegar las alas; pero tenía que hacer algo antes. Desde el inicio de mi trabajo de disciplina mental me había imaginado una habitación dentro de mi mente donde mi yo personal pudiera meditar. La estancia disponía de enormes puertas de madera y paredes acristaladas. Lo que la hacía tan especial era que las paredes miraban a la totalidad del universo. Desde el solitario asiento de meditación podía contemplarse la Tierra suspendida en la oscuridad del espacio. Se vislumbraban en la distancia estrellas y galaxias que flotaban en el infinito. Cada vez que Mickey se enfrentaba a un problema, lo llevaba hasta allí para relajarse; incluso solía jugar a dejarlo allí. Deseaba que estuviera siempre en calma y que recordara en todo momento que sus experiencias estaban sucediendo en una diminuta mota de polvo que se desplazaba a través del espacio infinito.

Aquella mañana me detuve antes de llegar al templo, cerré los ojos y abrí las enormes puertas de madera que daban acceso a esa estancia tan especial. La persona que había dejado meditando en el asiento de meditación se puso derecho de inmediato. A medida que me acercaba, aumentaba su concentración y disciplina. A diferencia de mi severidad del pasado, le tendí la mano con bondad y afecto y le dije: «Puedes salir». Lo que siguió a esa frase me demostró que se trataba de un ejercicio mucho más serio que un inocente juego mental. En el momento en que pronuncié esas palabras, experimenté una liberación emocional de una intensidad que no hubiera creído posible hasta entonces. Estallé en lágrimas y me fallaban las piernas. Se me abrió el corazón como si se me hubiera presentado la oportunidad de sanar las heridas de toda una vida.

Después de aquella catarsis me di cuenta de algo que jamás olvidaré: ese ser asustado e inquieto de mi interior a quien había estado observando y juzgando era realmente una persona. El psiquismo era una persona con sentimientos, pensamientos, esperanzas, temores y sueños. No era correcto encerrarlo en una habitación y ordenarle que se callara constantemente. Existían formas más constructivas de gestionar las energías problemáticas y egocéntricas. Por desgracia, había tenido que aprender esta lección a base de cometer errores.

No me sentía tan pleno desde hacía mucho tiempo, y recordé la afirmación que había realizado en el sueño: «Tendré que encontrar otra vía». No albergaba ninguna duda sobre cómo sería «esa otra vía». Tenía que aprender a rendirme más, en lugar de luchar tanto. Había tomado la resolución de rendirme al fluir de la vida, incluso cuando no entendía hacia dónde me encaminaba y todo apuntaba a que debía hacer lo mismo en mi interior. Había de aprender a relajarme internamente, en vez de forcejear tanto con mi mente. El hecho de que la voz parloteara no significaba que tuviera que escucharla o dejar que influyera en la dirección de mi vida. No tenía nada que ver conmigo; podía permanecer relajado al margen de ella. Estaba volviendo al principio básico: yo era el observador que se daba cuenta del monólogo de la mente.

Con esta renovada visión, decidí salir del silencio durante el resto de mi estancia en la comunidad, y aunque no me volví precisamente locuaz, me abrí lo suficiente como para que la gente se sintiera cómoda conversando conmigo. Tuve la oportunidad de conocer a algunos de los residentes más antiguos y escuchar las historias de sus propios viajes. A pesar de los cambios por los que estaba atravesando, no realicé modificaciones en la práctica del yoga y la meditación, ya que no suponían ningún problema; de hecho, yo mismo era el problema. Había elaborado un concepto sobre la disciplina absoluta que, en realidad, estaba frenándome. Había alcanzado elevadas alturas durante la meditación a costa de reprimir las energías inferiores. Tenía que aprender a elevarlas, en lugar de rechazarlas. Aun cuando me había llevado un tiempo, finalmente comencé a cobrar conciencia del verdadero propósito del yoga. Practicado correctamente, el yoga era la ciencia de sublimar las energías hasta que se fusionaran en el punto más alto: la Unidad.

Después de pasar unas cuantas semanas en la comunidad, comencé el viaje de retorno a casa. La persona que conducía de vuelta a Florida era alguien más sabio y despierto. Aunque las semillas habían sido sembradas y se habían aprendido lecciones sumamente profundas, iba a llevarme algún tiempo aprender a hacer las paces conmigo mismo. Mientras tanto, estaba deseando volver a mi finca y a la soledad de mi preciosa casa del bosque.

19
Aceptación, aceptación y más aceptación

SI BIEN REALICÉ EL VIAJE DE VUELTA con una gran sensación de paz, nada más llegar a casa hube de enfrentarme con un serio desafío a mi voto de aceptación. Mientras atravesaba el bosque y me adentraba en el prado del interior de la finca, en lugar del característico silencio oí el zumbido de una sierra circular. Acto seguido vi a Sandy y a mi amigo Bob Gould, con delantales de carpintero, subiéndose a una estructura que estaban levantando en mi terreno. No podía dar crédito a lo que estaba viendo.

Les pregunté qué estaban haciendo y Sandy me informó alegremente de que se estaba construyendo una casa y Bob Gould había accedido a ayudarla. No recuerdo bien el tono en que le recordé que estaba edificándola en mi propiedad. Sandy replicó con desenfado que no tendría ningún derecho sobre la cabañita y que pasaría a ser mía cuando se fuera. Era obvio que hablaba en serio. Resolví entrar en casa a meditar un rato antes de darle una contestación.

Podrás imaginarte las palabras de la voz interior: «¡No puedo creerlo! ¡Cómo se ha atrevido a tomar una decisión así, sin consultarme! No quiero ninguna otra casa en mi finca ni que viva aquí nadie más, así que ¿de qué me sirve tener otra construcción? ¿Cómo es posible que alguien decida hacerse su casa en propiedad ajena sin preguntar siquiera?». Aunque mi mente siguió dando vueltas al asunto, por entonces ya estaba bien entrenado en observar tranquilamente todos esos pensamientos creados por una mente condicionada por sus preferencias y aversiones. Al fin y al cabo, si hubiera deseado otra construcción en mi propiedad, el discurso de la voz hubiera sido diferente: «¡Es verdaderamente milagroso! Dios me ha concedido otra vivienda sin tener que hacer nada». Lo que dijera la voz ya no contaba; en el fondo de mi ser sabía que no tenía ninguna intención de contentarla y, desde luego, no pensaba darle las riendas de mi vida. Si debía elegir entre aprovechar esa situación para cumplir mis deseos o liberarme de su yugo, escogería siempre lo segundo. Tal era la naturaleza de mi experimento existencial: en cuestiones de preferencias, gana la vida. De modo que regresé, me até un delantal y me dispuse a ayudarles.

Me encantó volver a construir. Ahora ya no era un novato, sino un carpintero con experiencia. Notaba una gran diferencia con respecto a la primera vez que trabajé con madera. Ahora sabía lo que estaba haciendo, lo cual me produjo una sensación de confianza y fuerza interior. No estaba colaborando para levantar la cabaña de Sandy ni para mi propio beneficio: el fluir de la vida me había colocado en tal situación. En esa obra inicié el ritual de ofrecer mi trabajo a las fuerzas invisibles que me guiaban. Aunque ya no tenía el control de mi existencia, la vida seguía su curso sabiendo lo que hacía. Estaba resuelto a servir a esa fuerza denominada Dios, Cristo o Espíritu... Estas palabras ya no eran nombres de algo en lo que había de creer; las situaciones que me guiaban en la vida eran concretas y reales. Comencé a ofrecer internamente todo lo que hacía a la Fuerza Universal. Mi único deseo era regresar a casa, a aquel lugar maravilloso que se hallaba en lo profundo de mí mismo. Si seguir la mano invisible de la vida iba a conducirme hasta allí, que así fuera.

La cabaña de Sandy era muy sencilla; de hecho, se parecía mucho a la casita que pensaba construir para mí al principio. La vivienda era de unos 3,5 × 5 m y no disponía de agua, electricidad ni revestimiento interior, y los huecos de las ventanas estaban protegidos únicamente por una mosquitera y algo de plástico. Tardamos tan solo seis semanas en erigirla y los gastos fueron insignificantes; a pesar de todo, a Sandy le encantaba. Sonrío al mirar atrás y recordar mi resistencia inicial. Nunca hubiera podido imaginar la cantidad de experiencias importantes de mi vida que estarían ligadas a aquella casita.

Mientras tanto, el verano tocaba a su fin y se aproximaba el momento de empezar las clases en Santa Fe. Había cumplido mi compromiso de no albergar ni un solo pensamiento sobre lo que iba a enseñar. ¿Cómo podría conocer todo el potencial de la vida si no renunciaba a controlar las situaciones? Así pues, acudí a la primera clase completamente abierto a lo que se presentara. Mientras los alumnos entraban en clase, aquieté la mente y me hice la siguiente pregunta: «¿Puedes aportar algo que merezca la pena a estos estudiantes?». Mi corazón sabía que poseía un tesoro de conocimiento que sería interesante y beneficioso para sus vidas. De modo que respiré hondo, me levanté y comencé a hablar. No podía saberlo entonces, pero aquel momento estaba sentando las bases para la siguiente fase de mi viaje espiritual: convertirme en profesor.

Las palabras fluían de mi boca sin necesidad de pensarlas. La primera clase trazó la hoja de ruta de la asignatura, como si hubiera diseñado el programa de antemano. Fue una experiencia similar a la de escribir el trabajo de economía en mi furgoneta cuando vivía en aquel bosque de la mina. Al igual que entonces, contemplaba cómo un continuo torrente de inspiración iba transformándose en una explicación convincente. Yo no participaba activamente, tan solo era consciente de lo que estaba sucediendo.

A medida que transcurría el semestre, fue repitiéndose siempre el mismo proceso. Estaba sorprendido del contenido de las clases. Era como si mis conocimientos académicos y la sabiduría adquirida por medio de la meditación introspectiva y la incansable observación de la voz interior se hubieran entretejido en un todo coherente. La asignatura partía de la posibilidad de la existencia de una verdad subyacente en el universo a la que los diversos campos del saber humano miraran desde diferentes perspectivas. La exploración de esta premisa incluía la física, la biología, la psicología y la religión. ¿Y si todas esas disciplinas estuvieran diciendo básicamente lo mismo? Nunca había pensado de esta manera; de hecho, me había dedicado a aprender a no hacer un pasatiempo de los pensamientos. ¿Cómo podían salir las clases así de bien sin mi participación activa? Sea como fuere, clase tras clase, el desarrollo de la exposición tenía lugar sin mi intervención.

El éxito de las clases era arrollador. Había empezado con veinte alumnos y hacia el final del semestre se había doblado el número de asistentes. Recuerdo que en una ocasión me fue difícil entrar en el aula. Había veinte alumnos registrados y otros cuarenta sentados en clase, o bien escuchando desde el pasillo, ya que mis alumnos solían traer a sus amigos. Por mi parte, seguía mostrando una actitud reservada, pues no deseaba que las clases se convirtieran en una distracción de la práctica. Así pues, traté de aislarme llegando justo antes de empezar la clase, marchándome nada más acabarla y no asistiendo ni a las reuniones ni a ninguna otra actividad. Aun así, mis esfuerzos no servían de nada: estaba impartiendo una asignatura denominada pensamiento universal en medio de la revolución de la conciencia de los años setenta. Con el tiempo, algunos alumnos comenzaron a aparecer acompañados de sus amigos en las meditaciones que tenían lugar los domingos por la mañana en mi finca.

Por si eso no fuera suficiente, mis clases en Santa Fe sentaron las bases para diversos acontecimientos de carácter espiritual. En este caso se trató de mi tesis doctoral. Ya había anunciado al Dr. Goffman que la vida me estaba alejando del campo de la economía y que no tenía ninguna intención de escribir la tesis. Sin embargo, un buen día me hizo prometer, como un favor personal hacia él, que redactaría algo, lo que fuera. Debido a lo mucho que le apreciaba y respetaba, decidí acceder a sus deseos como un gesto de rendición. Esa misma noche me senté en el suelo, encendí la lámpara de queroseno y me pregunté a mí mismo si tenía algo que escribir digno de semejante tarea. Al instante me di cuenta de que había un tema muy importante sobre el que podía escribir para el Dr. Goffman. Todo apuntaba a que la vida me había presentado la oportunidad perfecta de transmitir lo aprendido sobre la voz de la mente y la unidad que subyace en todas las ciencias y religiones, tal como había estado enseñando en Santa Fe.

Con semejante planteamiento, me sentí sumamente inspirado. Aunque sabía que el escrito no sería aceptado como una tesis doctoral en economía, me entregué en cuerpo y alma a su redacción. Finalmente, resultó que el texto tuvo un inesperado destino. Uno de los miembros del tribunal de la tesis me puso en contacto con un editor y en el plazo de un año el texto fue publicado bajo el título de *The Search for Truth*. Treinta y cinco años después aún siguen vendiéndose ejemplares en Amazon como homenaje a los actos de rendición que lo originaron.

Lo más importante de todo es que, si hubiera escuchado a mi mente, nada de esto hubiera sucedido. Al haberme dejado guiar por el fluir de la vida, en lugar de por mis preferencias, ahora era un carpintero, un profesor y un escritor con una obra publicada. También había aprendido grandes lecciones. La clara distinción que había establecido entre lo espiritual y lo no espiritual empezaba a debilitarse. La energía que experimentaba mientras daba clase en Santa Fe era la misma que sentía mientras hacía yoga y meditaba. Durante la meditación, esa energía fluía hacia arriba y me elevaba y transportaba más allá del yo limitado, y cuando me hallaba frente a mis alumnos, esa misma energía se convertía en una exposición apasionada y sincera. No solo comencé a considerar todo ello como un solo flujo de energía espiritual, sino también a darme cuenta de que no había ninguna diferencia entre impartir clase y volver a casa para realizar una práctica meditativa. Era profesor porque una increíble secuencia de sucesos me había colocado en esa posición e, igualmente, hacía el trayecto de vuelta a casa debido a un cúmulo de circunstancias asombrosas. Ninguna de esas acciones había sido elegida por mí, sino que eran el resultado de la decisión de soltar mis preferencias. Poco a poco, el tejido de mi existencia iba componiéndose de las consecuencias de mi rendición. Empezaba a vivir una vida que había sido diseñada para mí, no por mí. Sin embargo, ni en mis sueños más descabellados hubiera imaginado hacia dónde me dirigiría.

20
La tarea más importante de mi vida

EL VERANO DE 1973 FUE EL PRELUDIO de algunos interesantes cambios en la zona donde vivía. Curiosamente, muchos de los terrenos de dos hectáreas que rodeaban mi propiedad fueron adquiridos por gente que deseaba seguir un estilo de vida de vuelta a lo natural y, como era de esperar, muchas de estas personas practicaban algún tipo de yoga o meditación. Dado que seguía aferrado a la idea de ser un meditador que prefería la soledad del bosque, me relacionaba poco con mis nuevos vecinos. He de admitir, no obstante, que mis paseos vespertinos fueron haciéndose más agradables a medida que surgían cabañitas rústicas por los alrededores.

Bob Tilchin se convirtió en el propietario de la finca situada directamente detrás de mi casa. Aunque no lo conocía de nada, resultó ser practicante de yoga y sufismo, además de sumamente amable. Contrató a mi amigo Bob Gould para que le ayudara a construir su casa, de modo que todo me resultaba muy familiar. Un día, mi nuevo vecino vino a pedirme un favor. Se carteaba con un recluso llamado Jerry que cumplía condena en la institución correccional de Unión, una prisión de máxima seguridad situada a unos sesenta y cinco kilómetros de Gainesville en dirección norte. Bob había prometido visitar al preso de vez en cuando, pero tenía que ausentarse durante un tiempo y me preguntó si podía ir en su lugar a verlo mientras él estuviera fuera. Su petición me pareció realmente extraña. No tenía ninguna experiencia en el tema y seguía empeñándome en llevar una vida solitaria. Mientras la voz del pensamiento decía: «No», de mis labios salió un «sí». No tenía ni idea de lo que sería acudir a un centro penitenciario para visitar a un total desconocido, pero iba a descubrirlo muy pronto.

Finalmente, acudí a la prisión un sábado por la mañana y conocí a Jerry —un joven negro— en la zona de visitas. Pasamos un par de horas charlando sobre temas muy similares a los de mis clases. Parecía verdaderamente interesado y era muy inteligente. Había practicado meditación durante algún tiempo, de modo que también meditamos un rato juntos. Cuando nos despedimos, Jerry se mostró muy agradecido por la visita y me pidió que volviera. Me había fijado en que, aparte de Bob Tilchin y yo, no había nadie más apuntado en su lista de visitantes. La meditación con él había sido increíblemente profunda y me sentía embargado de paz cuando salí de allí. De alguna forma, estar en aquel escenario me había llegado hondo. Incluso antes de atravesar la puerta principal, ya estaba deseando regresar.

La segunda vez que vi a Jerry me tenía preparada una sorpresa. Había disfrutado tanto de nuestro anterior encuentro que había confeccionado una lista de cinco o seis encarcelados interesados en formar un grupo de meditación. Cuando hablé sobre el asunto con los responsables de la prisión, me informaron de que los encuentros en grupo solo podían realizarse como servicio religioso. Puesto que Jerry se consideraba budista y yo había practicado meditación budista zen, resolví crear lo que probablemente fue el primer grupo budista de la historia de una prisión del norte de Florida. Nos reuníamos en la capilla en sábados alternos, y recuerdo que me parecía un escenario bastante surrealista. Cuando llegaba a la institución, atravesaba la puerta principal, que estaba rodeada de concertina barbada; a continuación, debía pasar por otras dos puertas antes de ser cacheado. Poco después, los diversos altavoces situados en los pabellones emitían la señal de mi presencia, «BUDISTA». Desde un lugar de silencio en lo más hondo de mí, observaba la exclamación de la voz: «¿Pero cómo me habré metido en esto?».

El grupo fue creciendo con los años, y cuando trasladaron a Jerry a la prisión estatal de Florida, aproveché para formar allí otro. Si bien los grupos de meditación de las cárceles se iniciaron gracias a un acto de rendición, una vez se instauraron, acabaron convirtiéndose en una parte esencial de mi vida. Cada vez que asistía a estos grupos, sentía un considerable incremento de la energía espiritual que fluía en mi interior, y conseguía profundizar mucho más con estas meditaciones en grupo junto con los reclusos que en la soledad de mi hogar. Si bien no entendía qué estaba sucediéndome, consideraba cada visita a los presos como una experiencia de elevación espiritual.

El modo en que llevaba estos grupos era parecido al de las clases en Santa Fe. No planificaba las sesiones, sino que dejaba que la inspiración me guiara. Los presos comprendieron a la primera el concepto de una voz que parlotea dentro de la cabeza. Estaban muy interesados en aprender a acallarla, manejar los patrones de ira y temor, y gestionar los impulsos intensos. La gran sinceridad de estos hombres con respecto a su desarrollo espiritual convirtieron a los grupos de meditación en una de las experiencias más gratificantes de mi vida. Una simple petición de mi vecino Bob Tilchin, a la que inicialmente mostré resistencia, dio lugar a más de treinta años de trabajo con presos. Los integrantes de estos grupos pasaron a ser parte de mi vida, y sigo llevándolos en el corazón.

Durante el verano de 1973 mí corazón comenzó a abrirse en el escenario más insospechado. Estaba aprendiendo a servir. No habría podido aprenderlo por mí mismo, pues estaba convencido de que mi camino hacia la autorrealización consistía en la meditación. Afortunadamente, la vida era más sabia y me estaba ayudando a ir más allá de mí mismo por medio del servicio a los demás.

PARTE III
De la soledad al servicio

21
La llamada de un maestro vivo

Los veranos son atroces en Florida, incluso en el campo. Mi casa no disponía de aire acondicionado, y con un muro acristalado en la cara oeste, no tenía precisamente un diseño bioclimático. Todavía faltaban unos meses para el comienzo de las clases en Santa Fe a mediados de septiembre, de modo que me fui de viaje al norte de California. Antes de volver a casa me enteré de que Shelly, mi exmujer, estaba viviendo en una especie de centro de yoga en la zona de San Francisco; así pues, me las arreglé para conseguir su número de teléfono y la llamé. Hacía varios años que no la veía y me fascinaba el hecho de que ambos hubiéramos acabado profundizando tanto en la práctica del yoga.

Bajé hasta Piedmont y localicé el centro donde vivía Shelly. Fue maravilloso volver a verla y sentí una gran apertura del corazón. Shelly me enseñó la preciosa vivienda convertida en centro de meditación donde residían unas cuantas personas. Cuando subimos al piso de arriba para ver la sala de meditación, una vez más, la vida me pilló por sorpresa. En aquella habitación había diversas fotografías de un maestro de yoga al que llamaban Baba. No había oído hablar de él, algo comprensible teniendo en cuenta que yo llevaba viviendo varios años en un bosque del centro-norte de Florida y él habitaba en la India. Las imágenes de aquel hombre santo eran cautivadoras y me sentía incapaz de apartar la mirada de ellas. El flujo interior de energía comenzó a intensificarse ascendiendo hasta el punto situado entre las cejas, y me envolvió una inmensa paz. Entonces se me ocurrió preguntar a Shelly si podía quedarme a meditar allí un rato; ella accedió y me dejó a solas.

Estuve meditando en aquella sala durante horas mientras una energía resplandeciente recorría todo mi cuerpo. Era como si la energía ocupara toda la estancia. Aunque no entendía qué estaba sucediendo, había entrado en meditación profunda sin mis habituales esfuerzos. Permanecí allí durante mucho tiempo, y cuando finalmente salí, había llegado la hora de despedirme de Shelly. No había sido en absoluto la visita que había imaginado. La vida había convertido un viaje estrictamente personal en una poderosa experiencia espiritual. Si todo se hubiera quedado ahí, ya habría sido fantástico; pero aquello resultó ser solo el principio de otra nueva aventura.

Cuando regresé a casa a principios de septiembre, descubrí que una desconocida estaba viviendo en la cabaña de Sandy. Parece ser que mi vecina se había ido de viaje y había dejado su casita a su amiga Rama Malone durante su ausencia. Rama era sociable, vivaz y derrochaba alegría. Me consideró un amigo desde el primer momento y me invitó a entrar en la cabaña para enseñarme la nueva decoración; con gran entusiasmo, me hizo señas para que subiera a la buhardilla. Tras trepar por la rústica escalera, lo que vi en aquel cuarto me impactó tanto que casi perdí el equilibrio. Todo el lugar estaba cubierto de fotografías de aquel fascinante maestro de yoga que había visto en el centro de Shelly.

Claramente, haber topado con ese maestro dos veces seguidas en lados opuestos del país tenía que ser algo más que una simple coincidencia. En 1973 muy pocos estadounidenses conocían a aquel hombre santo de la India. Parecía que estaba siguiéndome. Rama me dijo que Baba Muktananda estaba planeando visitar Estados Unidos durante la primavera del año siguiente y que debería invitarle a Gainesville. Al principio pensé que estábamos construyendo castillos en el aire, hasta que me di cuenta de que mi nueva vecina hablaba en serio. Así pues, respiré hondo y traté de que entrara en razón. Le recordé que yo llevaba una vida solitaria en el campo y había estado esforzándome durante años para no fomentar las relaciones sociales. ¿Cómo iba a escribir a la India para invitar a un respetado maestro de yoga a una pequeña ciudad de Florida? Pero no había forma de razonar con ella; insistió hasta la saciedad en que escribiera una carta con el membrete del Santa Fe College para invitar a Baba a pasar unos días en Gainesville, de camino a Miami.

La verdad es que me parecía una idea por completo descabellada. Racionalmente sabía que no había modo de que Baba viniera hasta aquí y, de hecho, me daba vergüenza redactar la carta y enviarla a la India. Pero ¿qué podía hacer? Tenía dos opciones: o bien hacer caso a mis resistencias mentales, o bien reconocer que la vida me había puesto en contacto con esas imágenes del santo y luego había colocado en mi finca a una apasionada devota que me había forzado a invitarlo a Gainesville. Finalmente, me rendí a la evidencia y mandé aquella carta.

Cuál no sería mi sorpresa cuando al cabo de unos meses recibí una misiva en la que se me informaba de que alguien perteneciente a la organización del evento vendría a verme para hablar sobre la posible visita del maestro a Gainesville. Para mi sorpresa, el día concertado para nuestra cita se presentó en casa un hombre joven con un atuendo muy profesional que pareció tan sorprendido como yo, en su caso por encontrarse con un personaje de aspecto hippie que vivía solo en medio del bosque. Podría decirse que no estaba gratamente impresionado por ello. Me explicó lo que conllevaría recibir durante una semana a Baba y su séquito. Se necesitaría alojamiento para unas veinte personas, una habitación con espacio suficiente para entre cincuenta y cien personas para realizar meditaciones diarias, y un lugar apropiado para llevar a cabo un retiro de fin de semana que pudiera albergar a unos pocos cientos de asistentes. Mi visitante se mostró muy escéptico acerca de mi capacidad de organizar una actividad de semejantes características, y no era para menos: yo era un simple profesor que trabajaba a tiempo parcial y ganaba 350 dólares al mes, lo cual no encajaba exactamente con el perfil que estaban buscando.

Al final, accedió a que lo intentara y prometió volver a contactar conmigo. Su oferta no sonaba muy esperanzadora, pero al menos tampoco era una negativa. Antes de despedirnos le planteé una importante pregunta: si su grupo estaba tratando de captar a personas interesadas en Baba, ¿de qué modo estaban promocionando su gira mundial? Me daba la impresión de que un santo indio que ni siquiera hablaba inglés no conseguiría atraer a demasiada gente. Me explicó que Baba era un poderoso maestro *siddha* y la gente tendría interés en conocerlo. Aunque no entendía a qué se refería, me imaginé que lo averiguaría muy pronto.

Al cabo de unos pocos meses, me facilitaron una fecha provisional para la visita de Baba a Gainesville: 18 de enero de 1975. La excitación en torno a la posible visita de un maestro de yoga mundialmente reconocido sirvió para impulsar la asistencia tanto a mis clases como al servicio dominical, en el que había más participantes cada semana; de hecho, me vi obligado a hacer una ampliación en mi casa para poder albergar a tanta gente. Asimismo, con la publicación de mi libro, *The Search for Truth*, en 1974, el interés por estas actividades aumentó todavía más.

Cuando llegó la primavera, tanto Rama como Sandy se encontraban ausentes y la casita permaneció vacía hasta que una joven llamada Donna Wagner se mudó allí. Donna estaba estudiando el último curso de carrera cuando empezó a asistir a mis clases de Santa Fe como oyente. Aunque solo se llevaba unos años con los otros alumnos, era más centrada y madura que el resto. Mostraba una comprensión muy profunda de la asignatura y acudía a la mayor parte de mis clases y a todas las meditaciones de los domingos. Durante el año anterior a que se mudara, coincidíamos por casualidad una y otra vez en la ciudad. Estos encuentros fortuitos llegaron a ser tan frecuentes que empecé a preguntarme qué estaba sucediendo.

Donna comenzó a participar en la organización del grupo de meditación dominical después de que Sandy se fuera. Solía quedarse a dormir los sábados en la cabaña para ayudar con los preparativos y recibir a la gente. Al final, simplemente no regresó a su casa. Si hubiera sabido que estaba cambiando un agradable apartamento que le habían regalado sus padres por una cabañita en el campo que no disponía de agua ni electricidad, es posible que no hubiera aceptado su traslado tan alegremente. Si hubiera sabido que estábamos destinados a enamorarnos, casarnos y tener una maravillosa hija —dado mi modo de pensar en aquella época—, con toda seguridad no hubiera permitido que se instalara en mi terreno. Tendrían que pasar unos cuantos años de práctica de rendición antes de poder soltar lo suficiente la imagen de persona espiritual que me había formado de mí mismo, y de este modo aceptar las relaciones especiales que me reservaba la vida.

22
Shaktipat

L A LISTA DE TAREAS PENDIENTES relacionadas con la visita de Baba era interminable. Ninguno de nosotros tenía experiencia previa, de modo que no quedaba más remedio que ir aprendiendo sobre la marcha. Primero, encontramos una colonia de verano en el Parque Nacional de Ocala que podría acoger fácilmente un retiro multitudinario de fin de semana durante la temporada baja. Hicimos correr la voz de que buscábamos una gran residencia que pudiera alojar a las veinte personas que componían la plantilla de Baba, así como dar cabida a las meditaciones diarias. A pesar de que Gainesville era una ciudad universitaria donde no había demasiadas mansiones, alguien se puso en contacto conmigo y nos ofreció una casa perfecta para todo el mes de enero. Estaba claro que las cosas marchaban sobre ruedas.

El retiro de fin de semana era un factor decisivo. Si no conseguíamos que se inscribieran suficientes personas, Baba no vendría. Así pues, Donna y yo hicimos cientos de llamadas telefónicas y envíos de correo masivo por todo el estado para atraer al mayor número de asistentes posible. Requirió de un gran ejercicio de rendición por mi parte poner teléfono en casa y usarlo como número de contacto en los folletos y mensajes telefónicos. Nos dedicamos a la tarea de correr la voz del evento con gran entusiasmo y obtuvimos una respuesta enorme de todas partes del estado.

Había pensado durante años que una vida espiritual consistía en el cultivo diario de la soledad y el silencio, y ahora me hallaba sumamente ocupado encargándome de todo lo que era necesario hacer. Sin embargo, de algún modo, me sentía más abierto y conectado que nunca al flujo de energía que había en mi interior. Si bien seguía meditando por las mañanas y por las noches, el resto del tiempo lo dedicaba a mis clases y a la organización de la visita de Baba a Gainesville. Mi rendición al fluir de la vida había dejado de ser una elección consciente y me había abandonado a él por completo; de guiarme sutilmente había pasado a dirigirme. Mi mente me insistía en que retomaría mi estilo de vida solitario cuando hubiera finalizado todo. Y como de costumbre, se equivocaba.

Antes de que Baba viniera a Gainesville, recibimos la invitación de acudir a un retiro suyo que tendría lugar en diciembre a las afueras de Atlanta. No solo tenía muchas ganas de conocerlo, sino que, además, sabríamos a qué atenernos cuando visitara nuestra ciudad el mes siguiente. Así pues, seis de nosotros viajamos hasta allí en mi furgoneta. Cuando llegamos al lugar del retiro nos hicieron pasar a un gran salón donde esperaban otras cincuenta o sesenta personas. Así comenzó un retiro que constituyó una de las experiencias más intensas de mi vida.

Recuerdo la primera sesión de meditación con Baba. Nos dijeron que se pasearía entre nosotros mientras meditábamos. Aunque la habitación estaba a oscuras y no se veía nada, en un momento dado sentí una fuerte presencia a mi espalda que fue intensificándose, hasta que me di cuenta de que Baba permanecía de pie a mi lado. El santo tocó exactamente el punto situado entre mis cejas, donde siempre había sentido el flujo de energía, y continuó su camino.

Teníamos dos meditaciones de este tipo cada día, y aunque siempre sentía una fuerte energía cuando Baba se acercaba por detrás, ahí acababa todo. Era duro pasar allí todo el día. Trataba de meditar para poder tener algo de intimidad, pero era incapaz de profundizar. De hecho, estaba completamente bloqueado y me sentía cerrado. Estaba descentrado, me dolía el cuerpo y la voz de la cabeza era desesperante. Aunque estaba decidido a aguantarme, esperaba impaciente el final de la meditación.

Seguí en esta misma línea hasta el último día. Me sentía, cuando menos, sumamente confuso. Aquella mañana pensé que quizá no me había abierto lo suficiente a Baba. Si bien había acudido a presentar mis respetos a un gran maestro espiritual, no lo consideraba mi maestro, porque ya tenía a Yogananda. Resolví que ese último día había de desprenderme también de esa idea y entregarme completamente a la experiencia que se me ofrecía.

Mientras se realizaban las actividades programadas para esa mañana en la parte delantera del salón, me senté en mi sitio y comencé a repetir el mantra de Baba, *Om Namah Shivaya*, una y otra vez. Antes de que me diera cuenta, me hallé sumido en meditación profunda. Habían cesado tanto los sonidos externos como mi charla mental. Me encontraba en un lugar desconocido, en lo más hondo de mi corazón. Parecía que mi corazón fuera una cueva inmensa que me protegía y amaba. Estaba en éxtasis y sentía una gran paz.

Enseguida llegó la hora de la meditación de la noche, en la que Baba caminaba entre la gente dando golpecitos en puntos estratégicos. Muy pronto la meditación me llevó a ese lugar de calma situado en el fondo de mi corazón. Mientras meditaba, sentí que Baba se aproximaba por detrás. El poder que emanaba su ser era sumamente intenso; aunque estaba situado mirando al frente con los ojos cerrados, percibí cómo la energía que emanaba de sus manos se dirigía hacia la cabeza. En el instante en que alcanzó mi coronilla con la palma de la mano, sentí como si una corriente energética de diez mil voltios ascendiera desde la base de mi columna para unirse con su mano. Esto ocurrió a la velocidad de un rayo, y, de repente, ya no estaba en el cuerpo. Yo, el que habitaba ese organismo, el que ve con los ojos y oye con los oídos, el centro de la atención consciente que se da cuenta de los pensamientos y las emociones, ya no estaba ahí realizando dichas actividades. Estaba aterrorizado tratando de mantener con todas mis fuerzas la conexión con el cuerpo. El movimiento ascendente de toda esa energía me había desplazado de mi centro. Sentía que un viento huracanado trataba de sacarme del cuerpo, y yo luchaba por aferrarme a la vida.

Por mucho que me esforzaba, no era capaz de regresar al cuerpo. Fue uno de esos momentos de lucha por la supervivencia en los que el miedo te da acceso a una fuerza sobrehumana; pero no había manera, no lograba vencer a esa fuerza ni un poquito. No tengo ni idea de cuánto tiempo duró la experiencia; solo sé que cuando Baba lo consideró oportuno, simplemente me masajeó la espalda con la mano y en el momento en que su mano tocó la región dorsal, todo se detuvo. Regresé al cuerpo de inmediato y comencé a recuperar la orientación. Lo primero que noté fue que el corazón no estaba latiendo normalmente, sino que palpitaba como las alas de un colibrí, y pensé: «Esto no es bueno; el corazón no puede durar mucho tiempo de esta manera». Cuando ese pensamiento se formó en mi mente, Baba se colocó delante de mí y me masajeó el corazón con la mano. De forma instantánea, el corazón volvió a latir con normalidad.

Estaba atónito por la experiencia y el poder de este maestro. ¿Quién era? ¿Cómo podía ejercer semejante control sobre la energía y las funciones metabólicas? Me sentí sumamente honrado de poder estar en su presencia. Jamás en mi vida me había sentido tan aliviado. ¿Qué había estado haciendo —ayunando, meditando y luchando conmigo mismo— durante tantos años? Con un solo toque, este hombre había logrado una transformación sin precedentes. En ese momento comprendí el significado de lo que es un maestro *siddha*. Baba no pertenecía a este mundo; venía de un lugar muy diferente.

23
Gainesville acoge a un gurú

F UIMOS INVITADOS A ACOMPAÑAR AL GRUPO DE BABA a la mansión donde se alojaban en Atlanta, y mientras conducía hacia allí aproveché para reflexionar sobre lo sucedido el día anterior. Una de las personas cercanas a Baba me había aclarado que la experiencia que había vivido se denominaba *shaktipat*, una bendición especial de un maestro *siddha* en la que se activaba una energía sumamente poderosa. Cuando llegamos a la residencia, advertí que los acompañantes de Baba daban por sentado que pasaría a considerarlo mi maestro. Me contaron que ser atraído hacia un maestro vivo era algo bastante frecuente. Sin embargo, yo me sentía desbordado por la experiencia.

Salí al exterior para poder estar a solas. No había duda de lo ocurrido el día anterior o de la secuencia de acontecimientos que lo habían hecho posible. Recordé mi compromiso de rendición al fluir de la vida, incluso aunque no entendiera adónde me dirigía. Descendí hacia la zona del garaje, que permanecía solitaria. Aunque me sentía muy confundido, me dispuse a expresar mi agradecimiento a Yogananda por haberme guiado. Cerré los ojos para adentrarme en ese espacio interior de paz donde siempre me sentía en conexión con él. En actitud de recogimiento, dirigí la atención hacia arriba como para decir gracias y, de pronto, la totalidad del espacio situado por encima de mí se convirtió en una extensión sin límite. Yo y aquello que había estado buscando éramos uno. Se trataba de la experiencia más intensa y reveladora que había vivido nunca. Si bien solo se prolongó unos instantes, cuando volví a la normalidad resonaba en mi interior el eco de estas palabras: «¿De quién piensas que estás despidiéndote exactamente?». Sentía que la presencia de Yogananda me rodeaba y me impregnaba desde dentro. Desde ese momento, nunca volví a cuestionar mi conexión con él.

Cuando me reuní con Donna y mis amigos en el edificio principal, los encontré haciendo los preparativos para volver a casa. Regresamos a Gainesville con muchas ganas de organizar la visita de Baba programada para unos días después. Cuando llegó el día del evento, no podía creer que despertara tanto interés. En todos los sitios había aforo completo, y aunque Baba no era precisamente un hombre joven, daba charlas sin descanso siempre que se lo pedían. Además, el maestro mostró interés en visitar la cárcel donde yo llevaba el grupo de meditación. Así es que una tarde lo acompañamos a la prisión de máxima seguridad. Los reclusos se quedaron encantados con él, y cuando partió indicó a su equipo que siguiera visitando cárceles. Así pues, el trabajo en prisiones que llevan realizando sus seguidores hasta el día de hoy se remonta a esa visita de Baba a la institución correccional de Unión, a las afueras de Gainesville.

El retiro de fin de semana resultó ser el más multitudinario de la gira hasta el momento. Yo llegué al campamento unos días antes del comienzo, por si Baba y sus acompañantes necesitaban algo. Mientras estaba allí, me fijé en un dormitorio en cuya puerta había un letrero que indicaba que se trataba de una zona vip. Por lo visto, eran habitaciones privadas que se habían asignado a huéspedes especiales. Uno de los nombres que aparecía en la puerta me llamó la atención: R. Friedland. El apellido de soltera de Shelly era precisamente ese, y el nombre de su hermano, Ronnie. Pensé: «No puede ser», y proseguí mi camino.

La verdad es que me quedé de piedra al ver a Ronnie en el retiro. Aunque hacía varios años que no nos veíamos, no importaba: éramos como hermanos. ¿Cómo podía ser que habiendo llevado una vida tan distinta hubiéramos acabado coincidiendo en ese retiro? Éramos personas tan diferentes... Mientras que yo vivía austeramente en Gainesville, él era un abogado de alto nivel de Chicago; yo me enorgullecía de no tener apenas posesiones, y él, de ser dueño de un Ferrari, una moto Harley-Davidson y un avión privado. Ronnie vivía en un ático de lujo en las famosas Torres Gemelas de Marina City, en Chicago, y había decorado las paredes circulares del salón con cuadros de Napoleón. ¿Qué podía estar haciendo en un retiro espiritual de un santo de la India?

Parece ser que Shelly le había presentado a Baba y fue amor a primera vista. Pasé mucho tiempo con Ronnie en el retiro e incluso me invitó a acompañarlo a un viaje que iba a hacer con Baba y unos cuantos seguidores a Disneylandia. Era obvio que Ronnie tenía una conexión muy especial con aquel maestro, un hecho que quedó confirmado cuando, unos meses más tarde, me llegó información por correo de la nueva organización creada por Baba en Estados Unidos. La carta estaba firmada por el primer presidente de la fundación, Ron Friedland. Rememoré mi primer despertar mientras estaba sentado con Ronnie en aquel sofá hacía algunos años. Mi vida había cambiado por completo y, por lo visto, también la suya.

24
La construcción del templo

ME HUBIERA GUSTADO PODER AFIRMAR que todo volvió a la normalidad después de que Baba partiera, pero no fue así. De hecho, fue entonces cuando empecé a ser consciente del verdadero efecto que había tenido en mi vida conocerlo. Baba fue como un viento que, al soplar en la ciudad, cambió para siempre la dirección de mi vida de la soledad al servicio, lo cual resultó ser positivo, ya que la comunidad espiritual de Gainesville se había fortalecido. Los domingos solían acudir entre cuarenta y cincuenta personas a nuestro servicio religioso, la mitad de los cuales tenían que sentarse fuera, en el suelo de madera. Además, mis clases en Santa Fe cada vez contaban con más asistentes, especialmente tras la publicación de mi segundo libro, *Ley del karma, ley de la voluntad, ley del amor*. El contestador automático grababa mensajes de gente de todo el estado que elogiaba el retiro y preguntaba cuándo tendría lugar el siguiente, una pregunta de lo más oportuna, ya que a raíz de aquella experiencia me había contactado un profesor universitario que deseaba que organizáramos otro retiro para su maestra, Ma Yogashakti, una santa de la India conocida como Mataji.

Si bien la cantidad de tareas que la vida estaba poniendo en mis manos era descomunal, lo aceptaba como parte de mi compromiso de rendición. Las meditaciones que realizaba por la mañana y por la noche eran mi refugio, y a lo largo del día aprovechaba cualquier oportunidad para aquietarme y centrarme. Cada vez que entraba o salía del coche, ralentizaba la respiración y visualizaba a la Tierra girando por el espacio exterior; antes de abrir una puerta, me recordaba a mí mismo que estaba atravesando un umbral en un minúsculo planeta que se hallaba en el vasto espacio vacío. Afortunadamente, el flujo de energía que ascendía hasta el punto situado entre las cejas me ayudaba a centrar ahí la atención. Poco a poco, comencé a darme cuenta de que esa vida de servicio constante era la «otra vía» a la qué se refería el sueño que había tenido. En mi nuevo camino de despertar, había dejado de considerar la vida como un obstáculo para mi desarrollo espiritual. Ahora la vida era el campo de batalla en el que había de permanecer lo suficientemente consciente para poder dejar atrás de buena gana mi viejo yo. Para ser sincero, todavía había de superar un sinfín de resistencias internas.

Así pues, la vida siguió empujándome hacia la organización de un retiro para Mataji. Nunca había oído hablar de ella y, en realidad, no lo deseaba, pero conseguí rendirme ante lo que la vida me ofrecía y, una vez más, esta me reservaba un suceso inesperado. Unos días antes del retiro, paseaba por mi finca con Mataji cuando, de pronto, ella se detuvo a mirar el bosque. Tras permanecer inmóvil durante unos instantes, susurró: «Mickey, esta tierra es sagrada. Algún día albergará un gran templo y vendrá mucha gente hasta aquí». Recuerdo perfectamente que la voz de la cabeza replicó: «¡Tendrá que ser por encima de mi cadáver!». Sin embargo, al cabo de seis meses se había erigido un templo en ese preciso lugar del bosque.

Tenía la impresión de que la visita de Mataji había servido para comenzar el proceso de convertir mi refugio de soledad en un centro espiritual. A lo largo del retiro mencionó más de una vez la futura construcción de un templo en mi terreno y yo me encogía cada vez que lo escuchaba. El siguiente domingo después del servicio matinal alguien comentó que si queríamos construir un templo debíamos empezar a recaudar fondos. Unas cuantas personas dieron un donativo, otras me ofrecieron algunos materiales y hasta se presentaron voluntarios para trabajar en el proyecto. Realmente no deseaba otra construcción en mi finca, pero parecía que los demás no opinaban lo mismo. Afortunadamente, para entonces tenía bastante experiencia en hacer caso omiso a lo que «yo» quería y, en lugar de eso, dejarme llevar por el fluir de la vida.

Ese mismo domingo entré en casa, cogí una hoja y comencé a diseñar el nuevo templo. En cuestión de horas dibujé un proyecto del edificio a grandes rasgos. Deseaba que el tejado fuera el elemento más importante del diseño, de modo que consulté la cuestión a mi amigo Bob Gould y decidimos que tuviera un tejado en forma de mariposa. Este tipo de techumbre suponía un reto al diseño convencional, por estar hundido en su centro y presentar una gran pendiente a los lados. Desde el interior, el techo de vigas del templo sería una estructura dinámica semejante a unas alas gigantes que se abren al cielo.

Diseñé el templo de tal modo que permitiera un aforo tres veces mayor que el que permitía mi casa. Al día siguiente encontré el mejor punto para su ubicación y comencé a despejarlo. Naturalmente, coincidía exactamente con el lugar al que se había quedado mirando Mataji mientras afirmaba: «Aquí se construirá un gran templo». Había calculado que los materiales necesarios para la construcción costarían alrededor de ocho mil dólares. La mano de obra no suponía ningún problema: nosotros mismos nos encargaríamos de construirlo. Sin embargo, los asistentes al servicio dominical no eran precisamente adinerados. La verdad es que ignoraba cómo podríamos financiarlo.

Lo cierto es que el dinero fue llegando a medida que lo necesitábamos, y algunas veces ni siquiera conocía su procedencia. Lo peor que nos ocurrió en este sentido tuvo lugar un día en el que tan solo nos quedaban dos paneles para seguir trabajando. Mis colaboradores me tomaron el pelo diciendo que finalmente había ocurrido: nos faltaba material y tendría que mandarles a casa. Yo les repliqué que mientras tuviéramos algún panel podíamos continuar con la obra. Después, descansamos para comer y fui a ver el buzón; al abrirlo, me encontré un sobre con dos mil dólares. No aparecía ningún nombre, y aún hoy sigo sin saber quién fue el generoso donante. Este tipo de anécdotas ocurrían una y otra vez. Lo asombroso no era solo que el dinero continuara apareciendo cuando era necesario, sino que lo hacía en las cantidades exactas que se requerían para poder avanzar hacia el siguiente paso.

Así es como construimos el templo. Nos llevó unos tres meses, y, de repente, un buen día, lo habíamos terminado. En septiembre de 1975 lo inauguramos celebrando allí el servicio dominical. Los asistentes nos regalaron diversos objetos que tenían un significado espiritual para ellos; por ejemplo, un profesor de religión trajo una bella estatua de madera de Buda. Otra persona donó un cuadro de Jesús para el altar y yo coloqué mi imagen favorita de Yogananda, que había permanecido siempre en mi espacio de meditación desde que vivía en la finca.

Poco a poco, los objetos del templo comenzaron a representar a todas las religiones, todos los santos y todos los maestros. Así como las vigas del techo se extendían hacia el cielo, el templo pertenecía a todas las personas cuya religión era la realidad de lo infinito. Dicho templo se ubicaba en el planeta Tierra, una diminuta pelota que gira a través de la vasta oscuridad del espacio vacío y da vueltas alrededor de una de las miles de millones de estrellas de nuestra galaxia. Era un lugar universal, por abrazar a todas las religiones y al propio universo. Así pues, pasó a llamarse el Templo del Universo.

1975. El Templo del Universo, con su tejado dinámico en forma de mariposa, en construcción.

25
La apertura del chakra del corazón

Ya no era posible volver a meter el genio dentro de la botella. Entre los retiros, mis libros, mis clases y el Templo, comenzamos a ser conocidos por la gente relacionada con el yoga y el movimiento de Nueva Era. Se suponía que debíamos ocuparnos de organizar retiros para diversos maestros espirituales, ya que no dejaban de llegarnos solicitudes. Incluso antes de que el Templo estuviera acabado, acepté encargarme de la organización de otro retiro para un maestro del que nunca había oído hablar. Y el destino quiso que este maestro acabara desempeñando un importante papel en mi vida en los años venideros.

Amrit Desai era diferente de otros visitantes indios que habíamos tenido. Llevaba viviendo en Estados Unidos muchos años y había creado una gran comunidad espiritual en el norte del país. Cuando llegó al Templo me sorprendió que atrajera a tanta gente. La primera noche que nos reunimos no cabía ni un alfiler. Una vez finalizada la actividad, que fue sumamente intensa, me sentía muy intrigado por la energía que emanaba este maestro. Deseaba comprender cómo una persona era capaz de desprender tanta energía, en especial sin la intervención del tacto, pues Amrit no había tocado a nadie. Decidí actuar con cierto descaro; al fin y al cabo, él era mi huésped y como buen anfitrión debía asegurarme de que no le faltara nada. Respiré hondo y entré en la habitación de invitados donde se alojaba. Parecía estar meditando, de modo que entré en silencio y me senté a su lado.

Nada más sentarme fue como si experimentara una pequeña muestra de lo que él estaba sintiendo en ese momento. El flujo interior de energía aumentó significativamente y sentí como si me hubieran lanzado a un océano de amor. Fue una honda experiencia espiritual. Permanecimos sentados en silencio durante un rato y después se giró hacia mí diciendo: «Ya nunca hago esto». A continuación, me colocó la mano derecha sobre la frente y sentí cómo una cálida energía comenzaba a fluir en mi interior. Era un flujo inmensamente potente y me quedé cautivado ante la belleza de la experiencia. Sentía una creciente energía en mi interior que ascendía hasta el corazón, el cual, cada vez más henchido de amor, se abrió de golpe. Nunca había sentido tanto amor en mi vida. Estaba completamente embargado del flujo de energía que manaba de la mano de Amrit y que, atravesándome, se desbordaba en la zona del corazón. Cuando el maestro dejó de tocarme la frente, me sentía tan rebosante de energía que no podía ni moverme. Cuando por fin conseguí incorporarme, sentí como si estuviera rodeado de un poderoso campo magnético. No podía ni hablar siquiera, así que salí de la habitación sin decir ni una sola palabra.

Durante las horas siguientes, el campo de energía que rodeaba mi cuerpo fue atraído poco a poco hacia el corazón. Procuré no tocar a nadie, porque me di cuenta de que el contacto parecía estabilizar la energía. Finalmente, el flujo externo fue disminuyendo, pero no así el interno. Se había abierto un canal en el corazón por el que fluía una cálida energía. Así como la poderosa meditación del bosque me había dejado un constante flujo energético que ascendía hasta el punto situado entre las cejas, el toque de la mano de Amrit había activado una energía maravillosa que atravesaba mi corazón. Han pasado más de treinta y cinco años desde entonces y ninguna de estas corrientes de energía ha decrecido ni por un momento. Aunque su intensidad es variable, siempre están presentes. El simple toque de la mano de Amrit me había abierto de forma permanente el chakra del corazón.

El universo dispuso que la visita de Amrit tuviera un efecto duradero en nuestras vidas. Así como Mataji había aportado la idea de la construcción de un templo en mi propiedad, Amrit comenzó a alentar a la gente a acudir al templo regularmente para meditar. Como no había consultado conmigo este punto previamente, me sentía sumamente incómodo al ver cómo invitaba a la gente a que realizara una práctica diaria en mi finca. La verdad es que las dos sesiones diarias de meditación eran sacrosantas para mí y no tenía ningún interés en compartirlas con nadie. Pues bien, Amrit no solo animaba a meditar diariamente en el templo, sino que me instó a participar en esas meditaciones para apoyar la práctica del grupo. Una vez más, no se trataba de una petición de la vida, sino de una orden.

Me recordé a mí mismo que llevaba años intentando liberarme de mi propio ser con todas mis fuerzas. Había decidido encontrar un camino en el que la mente no ejerciera de consejera espiritual y, por lo visto, compartir las sesiones de meditación con otras personas era el siguiente paso en la danza de la vida. Para entonces comenzaba a detectar un patrón tras los cambios que iban teniendo lugar. Estaba siendo empujado de cabeza hacia una vida centrada en servir al desarrollo espiritual de otras personas, en lugar de al mío propio. Nunca hubiera tomado tal decisión de un modo consciente; no era tan sabio o desprendido como para que saliera de mí; simplemente había resuelto rendirme a la vida y esta estaba encaminando mis pasos en esa dirección.

Durante la construcción del templo, la mente me insistía una y otra vez en que estaba haciendo una tontería. Pensaba que el servicio dominical era solo una moda pasajera y que muy pronto el templo sería solamente un edificio vacío. De todos modos, conseguí hacer caso omiso de mi negatividad y seguir construyendo. Reflexioné sobre esos pensamientos una vez que el templo comenzó a usarse diariamente, mañana y tarde, y ahora vuelvo a hacerlo en retrospectiva. Cada domingo llevan acudiendo a este templo situado en medio del bosque de setenta a ochenta personas desde hace más de treinta y cinco años. Nunca lo publicitamos y ni siquiera pusimos señalización alguna. Aun así, la gente ha seguido viniendo todas las semanas. Igualmente, siempre ha habido público para las charlas que imparto los lunes y jueves por la noche, así como para el resto de las actividades del día. Parecía que la vida sabía muy bien lo que estaba haciendo y, por el contrario, mi mente no sabía nada.

26
Acude a un ashram

EN MARZO DE 1976 EL TEMPLO DEL UNIVERSO se constituyó oficialmente como una organización sin ánimo de lucro. Cedí a esta organización las cuatro hectáreas de terreno, el templo, la cabaña de Donna y mi propia casa. La furgoneta volvía a ser mi única posesión: justamente lo que deseaba. Tenía casi treinta años y mi economía seguía siendo bastante modesta. Ganaba menos de 5.000 dólares al año, no disponía de activos ni acumulaba deudas, y ninguno de mis más profundos anhelos podían adquirirse con dinero. Me agradaba mantenerme libre de responsabilidades financieras. Deseaba aquietar la mente, y llevar una vida sencilla era favorable para mi propósito. Si bien el grupo de Amrit había ofrecido al templo el quince por ciento de las ganancias del retiro, no lo había aceptado. No habíamos obtenido ninguna ganancia de los anteriores retiros y me parecía muy bello seguir manteniendo esa línea totalmente altruista.

La visita de Amrit no significó el final de los retiros ni las visitas de maestros; más bien todo lo contrario. Nuestra dirección y número de teléfono ya era conocido por toda la comunidad de la Nueva Era, y la gente que viajaba a Florida solía pasarse por el

Templo para, al menos, escuchar una de mis charlas[1]. Organizamos retiros anuales para Mataji y Amrit durante muchos años, y dirigimos asimismo dos retiros masivos para Ram Dass, un maestro espiritual estadounidense de gran popularidad.

Para entonces Donna se había convertido en una parte integral de mi vida. Había demasiado trabajo para una sola persona y ella era una magnífica colaboradora. Además de organizar el servicio de los domingos, era la responsable de la cocina durante los retiros, e incluso accedió a que colocara el teléfono en su cabañita para ocuparse de las llamadas. Donna y yo acabamos pasando cada vez más tiempo juntos y se despertó un amor inmenso entre nosotros. Todo lo acontecido en los últimos años no me había afectado a mí solo, ella lo había vivido igualmente. Eso creó un fuerte vínculo entre nosotros, y en el verano de 1976 decidimos hacerlo oficial contrayendo matrimonio.

La verdad es que no me sentía cómodo del todo con la idea de casarme de nuevo. Seguía alimentando la idea de que toda esa actividad externa de mi vida era algo temporal y que pronto podría retornar a mi antigua rutina de yoga y meditación. La relación con Donna estaba forzándome a abandonar mis conceptos sobre lo que debería estar sucediéndome. Aunque no había buscado ni el amor ni el matrimonio, el poderoso fluir de la vida me había obsequiado con ambas cosas. Afortunadamente, Donna tenía una genuina vocación espiritual. Ambos valorábamos los momentos de soledad y habíamos acordado que cada uno seguiría viviendo en su casa.

---

[1] En los años ochenta un maestro zen que estaba de paso por la zona se quedó a cenar con nosotros. Cuando entré en el comedor me quedé atónito al ver sentado a la mesa a Philip Kapleau, el autor de *Los tres pilares del zen*. La vida me había concedido la oportunidad de agradecerle personalmente la inestimable ayuda que me había proporcionado en mi viaje espiritual.

Todo estaba cambiando muy deprisa y, al volver de nuestro viaje de novios en la comunidad de Amrit, pudimos constatar que se había iniciado una nueva fase. Desde que celebrábamos servicios en el templo dos veces al día, siempre había alguien que se quedaba a dormir en la habitación de invitados. Pues bien, a nuestro regreso, no solo descubrimos que la habitación había estado ocupada durante nuestra ausencia, sino que Radha Kautz —una sincera buscadora de la verdad— había estado alojándose en mi casa. Como había ocurrido con Sandy años atrás, nadie me había comentado nada al respecto; simplemente, acabaron instalándose allí. Acabábamos de regresar de una visita a una comunidad espiritual y, por lo visto, todo apuntaba a que también íbamos a vivir en una.

Lo cierto es que nunca se me había pasado por la cabeza montar un centro de espiritualidad. Todo fue sucediendo como resultado de mi rendición al fluir de la vida. Aunque solía albergar resistencias internas a cada paso del camino, continuaba soltando mis preferencias personales. Compartir mi espacio de soledad no entraba precisamente dentro de mis planes, ya que por aquel entonces no comprendía que servir a los demás es una acción mucho más elevada que servirse a uno mismo. En la actualidad, casi cuarenta años después, a veces me preguntan por el origen de nuestra comunidad. ¿Qué puedo responder? Sé perfectamente que yo no hice nada. Lo máximo que puedo decir al respecto es que permití que sucediera lo que tenía que suceder sin interferir.

PARTE IV
La empresa de la rendición

27
Nace una compañía

En diciembre de 1976 tuvo lugar otro suceso representativo de la esencia de mi experimento de rendición. Así como mi vida había cambiado de rumbo a raíz de aceptar a regañadientes ayudar a Alan Robertson con la preparación de sus exámenes, impartir clase en Santa Fe e invitar a Baba a Gainesville, esta vez se me iba a pedir algo que, aunque parecía alejarme del camino que había elegido, resultó ser un paso perfectamente alineado con mi destino.

Acababa de regresar de clase y había decidido irme a dar un paseo tranquilo por la naturaleza cuando, al girar por la estrecha senda que conducía al templo, vi algo que me hizo parar en seco. Enfrente del templo había aparcado un coche patrulla del *sheriff*. La escena era bastante intimidante, sobre todo porque un ayudante del *sheriff* esperaba fuera del coche completamente uniformado. Desde que vivía en el bosque nunca había visto a ningún policía por la zona. El agente me pidió que me acercara y me preguntó: «¿Eres el dueño de todo esto?». La voz de la cabeza trataba frenéticamente de entender lo que estaba sucediendo: «¿Qué hace aquí un policía?; ¿pasará algo?; ¿habrá visto los iconos religiosos del templo?

Estamos en el centro-norte de Florida; ¿me habré metido en algún lío?».

A pesar de todo ese ruido interno, conseguí emitir una respuesta en un tono bastante normal: «En efecto. ¿En qué puedo ayudarle?». Entonces, apuntando al templo, el ayudante Knowles me preguntó si yo mismo había construido el edificio. Al contestarle afirmativamente, me planteó si me interesaría encargarme de una ampliación que quería hacer en su casa. Por lo visto, le había encantado el efecto rústico de la madera de cedro y estaba impresionado con el trabajo de carpintería. Estaba buscando un albañil para cerrar y reformar el garaje y hacerlo habitable.

Me quedé mudo. Jamás se me había pasado por la cabeza semejante idea. Había levantado unas cuantas construcciones en mi finca, pero nunca se me había ocurrido trabajar en ello, y menos para el ayudante del sheriff. Guardé silencio por un momento escuchando los dos impulsos que observaba en mi mente. La voz decía: «No, de ninguna manera; no quiero hacerlo, estoy ocupado. Ya tengo mi trabajo en Santa Fe y, de todos modos, no soy albañil». Pero mi conciencia permanecía silenciosa y en paz sabiendo que para ser fiel al voto de rendición a la vida había de aprovechar la oportunidad y ver adónde me conducía. Respiré hondo, miré al policía y le dije: «Sí, encantado de colaborar en tu proyecto».

Al igual que otras veces, la suerte estaba echada. Pronto vería a qué nuevo agujero mágico me conducía este nuevo acto de rendición.

El ayudante Knowles resultó ser la persona perfecta para mi primer trabajo de construcción. Sabía muy bien lo que quería y me permitió aplicar el método de coste más margen, lo cual era un punto imprescindible, ya que no estaba en condiciones de darle un presupuesto definitivo o pagar los materiales yo mismo. De todos modos, como estaba acostumbrado a vivir con poco, estoy seguro de que cobré mucho menos de lo normal.

Necesitaría un ayudante, y Radha —una de las nuevas residentes del templo— se ofreció para la tarea. Le habían dado las vacaciones de Navidad en la universidad y me aseguró que sabía utilizar un martillo y que estaba capacitada para la tarea. Así pues, nos pusimos los delantales de trabajo y partimos hacia la obra.

Esta labor, que había sido totalmente inesperada y no la había pedido, constituyó el inicio de mi empresa de construcción Built with Love. Mi primer cliente se quedó tan contento con el trabajo que me recomendó entre sus conocidos y en poco tiempo me encontré haciendo reformas para diversos policías y personal del Departamento del Sheriff del condado de Alachua. A nadie parecía importarle que llevara coleta o que siempre trabajara en sandalias. Dado que Radha solo podía ayudarme a tiempo parcial, a veces trabajaba yo solo. Coloqué chimeneas, cerré algunos garajes y construí unos cuantos porches. Consideraba cada trabajo como si fuera un regalo del universo y, en efecto, así era. Los retiros me habían enseñado a servir, y dedicarme a hacer reformas del hogar para gente maravillosa se convirtió en una parte de mi práctica espiritual. Se me había presentado la oportunidad de llevar alegría a las vidas de personas que ni siquiera conocía. Me encantaba ese aspecto de mi trabajo y de buena gana lo hubiera realizado de forma gratuita. De todos modos, no era eso lo que estaba ocurriendo, pues había de aprender a aceptar el dinero y llevar un negocio. La vida estaba empujándome a desprenderme de la imagen de persona espiritual que tenía de mí mismo, y estaba muy atento para no remplazarla con una nueva. Hacía de corazón todo aquello de lo que me ocupaba. No había diferencia entre impartir clases en

Santa Fe, reunirme con otras personas en los servicios regulares del templo, dirigir retiros espirituales o trabajar en el sector de la construcción. Todas estas actividades tenían un factor en común: eran la consecuencia de mi rendición al incomprensible fluir de la vida.

28
El encargado de obra

Cuando algo está destinado a realizarse, es fascinante observar su desarrollo paso por paso. Para empezar, había de gestionar el dinero que estaba entrando. Si bien se trataba de pequeñas reformas, estaban proporcionándome mucho más dinero del que me había acostumbrado a manejar. Resultó que Radha solía echar una mano con la contabilidad en el Departamento de Agricultura de Florida —del cual su padre era presidente— durante las vacaciones estivales. No había visto a nadie tan rápido con la calculadora. Además, yo había estudiado algo de contabilidad en la universidad, de modo que entre los dos llevamos las cuentas de la empresa. Me imagino que mi cuñado Harvey —que era auditor jurado de cuentas— debió sorprenderse cuando lo llamé para que me aconsejara sobre cómo montar un negocio. Él se encargó de los trámites necesarios para constituir Built with Love y se ofreció para revisar los libros contables y la declaración de la renta. Seguramente nuestra empresa se convirtió en el negocio más modesto del mundo que contaba con un auditor jurado de cuentas. Como de costumbre, todo el asunto me parecía una exageración hasta que tuvo lugar otro suceso inesperado.

Después del servicio dominical solíamos formar un círculo y dar avisos para la comunidad antes de tomarnos un té con pastas. Un buen día, poco después de la creación de Built with Love, un hombre se me acercó después de las notificaciones y me contó que había oído que me dedicaba a la construcción. Tras mi respuesta afirmativa, me preguntó si deseaba usar una licencia de construcción. Hasta la fecha habían sido los propios clientes quienes se habían encargado de los permisos, pero no cabía duda de que sería positivo tener una licencia de contratista en caso de que me saliera una obra grande. Al mostrar yo interés en el asunto, me explicó que podía darme la suya. La verdad es que nada en su aspecto de ferviente hippie indicaba que fuera contratista. Al interesarme por cómo la había obtenido, me explicó que hacía unos años se había dado una situación conflictiva entre las Agencias de Gestión de Licencias del condado y el estado, y, durante ese período, para obtener una licencia de contratista bastaba con rellenar el papeleo correspondiente, y ese había sido su caso. Parecía demasiado bueno para ser verdad. Al día siguiente llamé para informarme sobre el número de licencia que me había facilitado y me confirmaron que estaba activa y en regla, de modo que podría utilizarla para cualquier obra encargada a Built with Love.

Por si el fluir de la vida no me hubiera deparado suficientes sorpresas, ahora contaba con una licencia de contratista. Un hecho positivo teniendo en cuenta que pronto habría de ocuparme de un nuevo proyecto de construcción en la comunidad, pues la cabaña de Donna no contaba con espacio suficiente para ella y el bebé que esperaba. Tan solo unos meses antes no hubiera contado con los medios para hacer una ampliación en la casita, pero la perfección del fluir de la vida se había encargado de solucionar el problema antes de que apareciera; no habíamos cambiado nuestro estilo de vida, de modo que los beneficios de

Built with Love eran invertidos en la propiedad del Templo. En la obra derribé una de las paredes laterales de la cabaña e hice una ampliación con suficiente espacio para una cuna y un baño.

Nuestra hija, Durga Devi, nació en agosto de 1977. Amrit, Mataji y muchos otros la bendijeron deseándole salud, prosperidad y espiritualidad. Había nacido en una comunidad espiritual y verla crecer en semejante contexto iba a ser una experiencia sumamente interesante.

Quizá te imagines que había llegado el momento de asentarse para digerir todos los cambios que habían tenido lugar en nuestra vida. Siempre había vivido según mis posibilidades, incluso cuando ganaba 350 dólares como profesor a tiempo parcial en Santa Fe. Ahora, además del sueldo que ganaba en Santa Fe, Built with Love me reportaba unos cuantos miles de dólares al mes. Así pues, no necesitábamos más ingresos, o al menos eso pensaba yo. Tenía la costumbre de pensar —o más bien desear— que se había cerrado un ciclo, cuando, de hecho, no había hecho más que empezar. Era positivo seguir el curso de los acontecimientos sin controlarlos, porque, invariablemente, el Plan Universal era mucho más amplio de lo que podía llegar a imaginar mi mente.

Justo antes de que naciera Durga, me telefoneó una empresa que deseaba convertir un negocio de bebidas alcohólicas de Gainesville en una tienda de ropa. Aunque nunca había trabajado en un proyecto de esta clase, conseguí el permiso de obra gracias a la licencia de Built with Love. Por entonces disponía de un equipo que sacaba adelante la mayor parte del trabajo y yo me dedicaba a conducir una camioneta desempeñando las funciones de contratista. Una vez acepté el trabajo, comenzó la diversión. Recibí una llamada de la responsable de la operación en la que me emplazaba a una reunión urgente. Cuando llegué, me explicó que había un cambio de planes y se necesitaría llevar a cabo trabajos adicionales. Al contestarle que prepararía un nuevo presupuesto, se puso furiosa señalando que no le importaba lo más mínimo lo que costase: solo quería que lo hiciéramos al momento. Ante tal reacción, comencé a ralentizar la respiración y concentrarme en mi mantra. Incluso por aquel entonces, consideraba mi trabajo en el mundo como una oportunidad para liberarme de mí mismo y mantenerme centrado y en calma. Entonces, cortésmente, si bien con cierto tono jocoso, le pregunté si deseaba que fuera inmediatamente a buscar a mi equipo para que dejara lo que estuviera haciendo y se pusiera a trabajar en las nuevas tareas en ese mismo momento. Supe que tenía un problema cuando ella me contestó: «Sí, eso es exactamente lo que quiero». Le dije que tal propuesta iba a salir cara y ella replicó con firmeza que si bien los plazos eran muy apretados e iba a ser sumamente exigente conmigo, la empresa estaba dispuesta a pagar lo que fuera. Finalmente, le aseguré que haría lo que estuviera en mis manos por cumplir sus expectativas.

Durante la ejecución de la obra, esta mujer no dejó de ordenar modificaciones, exigiendo que todo fuera hecho de inmediato, pero, a cambio, se aseguró de desembolsar grandes sumas de dinero para potenciar la motivación. Al final, fuimos capaces de acabar en la mitad de tiempo, a pesar de tantos cambios. Entre las bonificaciones, los cambios de planes y las horas extra, los ingresos obtenidos en tan solo cuatro semanas ascendieron a 35.000 dólares. Todavía recuerdo la cantidad porque era mucho más de los pocos miles que solía ganar al mes y por lo que sucedió después: recibí una llamada de la propietaria de uno de los terrenos de dos hectáreas colindantes con el nuestro; al parecer, había decidido marcharse tras haber construido dos cabañas bastante rústicas en su finca, y me informaba de que si estaba interesado en comprarla, me la dejaría en 37.000 dólares si pagaba en efectivo y por adelantado.

Me quedaría corto si afirmara que me sentí enormemente afortunado por acabar de ganar casi esa misma cantidad de dinero con aquel trabajo tan extraño. Se produjo una sincronía de acontecimientos que no olvidaré el resto de mi vida. ¿Formaba parte de un Plan Universal que el templo se expandiera más allá de su extensión inicial? Yo no estaba interesado en ninguna expansión y ni siquiera había pensado en ello, pero el dinero estaba ahí y era evidente a qué estaba destinado. Nada de esto tenía que ver conmigo; yo solo era un intermediario, un guardián. No sentía que el dinero me perteneciera. No lo había pedido ni había hecho ningún esfuerzo por obtener ni un solo trabajo para Built with Love. Los trabajos habían ido llegando por el boca a boca, uno detrás de otro, y los había llevado a cabo lo mejor que había podido. Lo único que había de hacer era quitarme de en medio y permitir que el dinero procedente de esa peculiar obra se usara para la adquisición del terreno de mi vecina en nombre del Templo.

29
La banca comunitaria

Apenas un año después de que Radha y yo termináramos el garaje del ayudante del sheriff, Built with Love había crecido tanto que ya disponía de dos equipos, y Radha trabajaba a tiempo completo como jefa y contable en la oficina. No solo aumentaba el trabajo, sino que las obras eran cada vez más grandes. En septiembre de 1977, tras haber finalizado la tienda de ropa, ocurrió lo inevitable: una pareja joven me pidió que les construyera su casa.

Hasta ese momento, Built with Love se había dedicado a hacer reformas y la financiación había corrido a cargo de los dueños. Sin embargo, para la construcción de una vivienda, la empresa había de solicitar un préstamo bancario. Yo no tenía bienes, ya que había puesto todo a nombre del Templo y todos los beneficios de Built with Love eran igualmente donados a este; así pues, ni la empresa ni yo estábamos en condiciones de obtener un préstamo. A pesar de las dificultades, sabía que si teníamos que acabar construyendo inmuebles, este inconveniente se resolvería de algún modo.

Preparé una carpeta con referencias de los trabajos efectuados hasta la fecha, así como la historia financiera de los nueve meses que llevaba funcionando la empresa. Como no habíamos llegado a ganar ni cien mil dólares, enumeré también las construcciones del Templo para mostrar que tenía experiencia en la edificación de viviendas. Dejé la carpeta en varios bancos junto con la solicitud de préstamo, pero todos la rechazaron: Built with Love no tenía el perfil requerido para la obtención de un préstamo.

Antes de darme totalmente por vencido, opté por jugar una última carta en complicidad con la vida: lo intentaría una vez más y, si también fracasaba, quedaría claro que nuestra empresa no debía avanzar en esa dirección. Recuerdo estar sentado en la sala de espera de uno de los bancos más agradables del centro de Gainesville. Llevaba mucho tiempo esperando a que me atendiera un empleado, pero hacían pasar a todo el mundo menos a mí. Si bien el panorama no era demasiado alentador, aproveché el tiempo para centrarme en hacer caso omiso de los comentarios que hacía la voz de la mente sobre la situación. Me había dado cuenta de que dirigir la empresa me había brindado la oportunidad de enfrentarme a situaciones muy diferentes de las que había experimentado viviendo solo en el bosque, y que estaban beneficiándome en mi camino espiritual; gracias a ellas, podía observar cómo se estimulaban diversas partes del cerebro y lograba así distanciarme de mis reacciones. Imperceptiblemente, me había hecho lo suficientemente consciente para utilizar la espera en una entidad bancaria, preparado para la inevitable negativa, como una oportunidad para dejar de lado la voz de la mente. Si el propósito de rendirme a la vida era liberarme de mí mismo, estaba dando resultado.

Finalmente, la recepcionista que había dado prioridad a todos los clientes antes que a mí, me pidió que la siguiera; pero no se encaminó hacia la zona donde atendían los empleados, sino que me condujo hacia una de las oficinas que daba a la sala de espera. Mientras llamaba a la puerta, me fijé en el nombre que ponía en la placa: «Jim Owens, director». Me quedé de piedra, y lo que sucedió después me impactó todavía más. Fui invitado a pasar y, a continuación, el director se sentó en su escritorio. Me explicó que, aunque mi solicitud no cumplía los requisitos mínimos fijados por la comisión de préstamos, su visión personal era que un banco local debía procurar apoyar los negocios de la comunidad.

Por lo visto, Jim Owens se había tomado tan en serio mi solicitud que incluso había visitado mi terreno para echar un vistazo a mi casa y al templo. Después, la había entregado en persona a la comisión de préstamos, y tenía el placer de anunciarme que el préstamo de 20.000 dólares que necesitaba había sido aprobado. Pero se jugaba el cuello en la operación, por lo que me pidió que no le fallara.

¿Qué podía decirle? Y de todos modos, ¿quiénes eran Alan Robertson, Rama Malone, el ayudante Knowles? Todos ellos eran mensajeros del cielo enviados para indicarme hacia dónde encaminar mis pasos: impartir clase en Santa Fe, invitar a Baba a Gainesville, crear Built with Love, lanzarme a construir viviendas... Lo único que podía hacer era mostrarle mi agradecimiento y asegurarle que no lo defraudaría por nada del mundo.

Mis clientes se mostraron encantados con la noticia y finalmente les hicimos una preciosa casita. Además, Built with Love ya estaba preparada para construir viviendas más grandes y a medida. Me sentía sumamente honrado por haber conocido a alguien como Jim Owens. Nunca hubiera pensado que el director de una sucursal bancaria se esforzaría tanto por un absoluto desconocido, especialmente por alguien que vivía en una comunidad espiritual. Era evidente que aún tenía mucho que aprender.

Si hubiera pensado que ese era el final de mi historia con Jim Owens, me habría equivocado de pleno. Una década más tarde, tras haber triunfado en el mundo empresarial, la mano de la vida nos unió de nuevo en las circunstancias más insospechadas. Esa noche me había quedado a trabajar hasta tarde en casa de Donna y decidí hacer una pausa. Como no había nada en la televisión, cogí el coche y me fui a una tienda de vídeos que habían abierto en la zona norte de Gainesville. En este punto de la historia, he de señalar que casi nunca me movía de noche por la ciudad. La tienda estaba vacía, con la excepción del cajero, y no pude evitar escuchar la conversación telefónica del empleado: le contaba a alguien que había pedido un préstamo empresarial a un banco, pero, por lo visto, las entidades bancarias no estaban dispuestas a arriesgarse con una modesta tienda de vídeos. El hombre me resultaba vagamente familiar, aunque no conseguía ubicarlo; pero al ir a pagar caí en la cuenta: la persona que se hallaba tras el mostrador no era otro que Jim Owens.

Jim también me reconoció y nos pusimos al día, pues hacía diez años que no nos veíamos. Me contó que había dejado el banco y estaba probando suerte como empresario. Yo, por mi parte, le confesé que había oído por casualidad su conversación telefónica sobre el préstamo. Consciente de lo que él había hecho por mí años atrás, le pregunté si podía ayudarlo. Aunque mi oferta le sorprendió mucho, finalmente me reveló que estaba buscando un préstamo de 20.000 dólares para tener liquidez mientras hacía algunas mejoras en el negocio. Se trataba de la misma suma de dinero que él me había facilitado diez años antes, cuando desempeñábamos papeles opuestos. No podía creerme lo que estaba ocurriendo. ¿Cuál era la probabilidad de que sucedieran hechos tales como que yo visitara su tienda aquella noche, justo después de que le hubieran denegado el préstamo y exactamente cuando tenía lugar esa conversación telefónica? Era como si se me hubiera enviado allí diez años después para corresponder al acto de generosidad que Jim había tenido conmigo. Naturalmente, con sumo gusto le presté el dinero que necesitaba.

30
La continua expansión del Templo del Universo

Para la primavera de 1978 Built with Love construía casas a medida de primera calidad y hacía grandes reformas. Sobre esa época dejé la enseñanza. Para que pudiera continuar con las clases, la universidad me puso la condición de trabajar a jornada completa usando un libro de texto estándar de sociología. Claramente, la decisión ya estaba tomada, pues la vida ya me había dado otro trabajo a jornada completa. La transición hacia Built with Love ya había tenido lugar y no experimenté la resistencia mental que solía acompañarme en los períodos de cambio. Todo sucedió de forma tan natural como mudan de piel las serpientes.

Poco después de que terminara mi etapa de profesor, Tom Jenkins —golfista profesional y participante del PGA Tour— me contrató para construirle una preciosa vivienda. Sucedió que los Jenkins habían adquirido una propiedad cercana al Templo; de hecho, solo nos separaba una finca. Para mí era como si estuviera ocurriendo otro milagro: iba a construir mi mejor casa en un terreno próximo al mío, al que incluso podía ir andando. Y si creía que aquello era un hecho especial, ¡qué habría pensado si hubiera sabido que un día esa casa acabaría convirtiéndose en el nuevo hogar de algunos miembros de la comunidad!

Lo anterior enlaza con un tema sumamente interesante: la expansión del Templo del Universo. A finales de 1978 había seis o siete personas viviendo en nuestra comunidad. Los residentes pagaban un modesto alquiler; de este modo, nos asegurábamos de que la gente no viniera atraída por la posibilidad de un alojamiento gratuito. Built with Love nos había enseñado a dirigir un pequeño negocio y Radha llevaba los asuntos del templo con idéntica profesionalidad.

Quiso el destino que a la persona que ocupaba nuestra única cabaña con cocina le encantara preparar platos vegetarianos, y no tardamos en juntarnos para cenar allí regularmente. También empezamos a reunirnos allí para la celebración de las fiestas veraniegas y los cumpleaños. En eso consistía básicamente nuestra vida en comunidad. Los residentes habían de comprometerse a asistir a los servicios que tenían lugar mañana y tarde, y a pagar el alquiler; no eran grandes requisitos. Además, debían esforzarse en no dejarse atrapar por la charla incesante de la mente, lo cual era una tarea mucho más ardua.

Parecía que Built with Love conseguía obtener suficientes beneficios como para permitirnos seguir adquiriendo propiedades colindantes a medida que iban poniéndose a la venta. Me lo tomé como un juego entre la vida y yo: cuando algún vecino vendiera su terreno y dispusiéramos del dinero necesario para conseguirlo, entonces lo compraríamos. Era fascinante contemplar cómo llegaban al Templo las personas adecuadas para alojarse en las casas recién compradas.

La crónica del Templo cuenta con varias anécdotas increíbles sobre cómo la gente acababa viviendo con nosotros, y estas ejercieron un profundo efecto en mi disposición a rendirme al fluir de la vida. Era como si se hubiera seleccionado cuidadosamente a la gente para que llegara al templo justamente en el momento adecuado, tanto de su desarrollo espiritual como del nuestro. Tal vez ninguna historia fuera tan asombrosa como la de una estudiante que acabó viviendo muchos años con nosotros. Recuerdo que la vi por primera vez un día de invierno, poco antes de dejar la enseñanza. Al entrar en clase los alumnos se quejaron de que el excesivo calor del aula les producía somnolencia; así pues, me dirigí hacia una ventana, la abrí y comenzó a correr aire fresco. Poco después vi entrar a una nueva alumna, que encontró sitio y se sentó. No le di mayor importancia, pues solía tener oyentes en mis clases; tampoco di importancia al hecho de que esa misma estudiante comenzara a acudir a los servicios del templo. Se trataba de una joven que vivía su práctica espiritual con gran sinceridad y finalmente se mudó a una de las casas de la comunidad. Pasaron varios años antes de que me confesara que había estado deseando venir a mis clases durante bastante tiempo, pero era demasiado tímida para atreverse. Se le saltaron las lágrimas al contarme lo mucho que había apreciado mi gesto cuando, al verla titubeante en el pasillo, había abierto la ventana aquella fría mañana de invierno para animarla a pasar. Me quedé atónito al escuchar su versión de lo ocurrido ese día. Cuando le conté la mía, se dio cuenta de que, en realidad, había sido la mano de la vida la que la había impulsado a superar sus miedos y entrar en clase.

Este tipo de sincronías ocurrían una y otra vez. Poco a poco había ido reafirmándome en mi compromiso de servir a la vida. De hecho, hacia finales de 1978 mi rendición al fluir universal era total. Esta actitud me enseñó a mantener una práctica espiritual regular mientras trabajaba en el mundo y me mostró el modo de apoyar a otras personas para que pudieran hacer lo mismo. También me indicó cómo crear y dirigir con éxito una empresa que nos permitía realizar una creciente labor espiritual. Asimismo, me orientó en cómo servir a los demás por medio del patrocinio de retiros de ámbito estatal, con importantes maestros espirituales y ofreciendo alojamiento a alrededor de media docena de sinceros buscadores de la verdad. Estaba convencido de que este trabajo continuaría expandiéndose de un modo lineal. Nunca hubiera sospechado que, en realidad, aún no había visto nada. Jamás hubiera creído que todo lo aprendido hasta el momento era tan solo la base de lo que estaba por llegar. Nadie podría haber adivinado que lo sucedido durante las primeras fases de mi experimento de rendición constituía el lanzamiento de un cohete multietapa rumbo a las estrellas.

31
Metamorfosis de una criatura

Antes de seguir con el relato de la enorme expansión de los años ochenta, me gustaría detenerme en otro aspecto de mi vida que estaba enseñándome mucho sobre la rendición: el trabajo en la cárcel. Al margen de lo ocupado que estuviera, acudía a la cárcel por las mañanas en sábados alternos. Radha comenzó a acompañarme a estas visitas una vez que finalizó sus estudios y, a partir de entonces, también se hizo cargo de la creciente correspondencia con los reclusos y les llevaba los libros sobre espiritualidad que solicitaban. Yo seguía tomándome muy en serio estas visitas y hacía lo que fuera para no faltar nunca.

Es difícil explicar la sinceridad que mostraban estos hombres, encerrados en una prisión de máxima seguridad, en lo concerniente a su libertad interior. Aunque los muros recluían sus cuerpos, nada podía confinar sus almas, excepto sus mentes. Llegaron a comprender este punto con gran profundidad. Si bien les enseñé meditación y un poco de yoga, la mayor parte del tiempo la dedicaba a hablar sobre cómo liberarse de uno mismo. Aprendieron a observar la voz de la cabeza y a negarse a escuchar todas las tonterías que dice. Después de mi charla solía haber sesiones para compartir en grupo. A veces uno de los reclusos relataba algún incidente de la semana en el que la voz le instaba a actuar de un modo estúpido y, de pronto, aparecía una chispa de conciencia que le obligaba a detenerse y escoger entre escuchar la voz o desoírla. Invariablemente, en un punto de la historia, el preso se reía sobre cómo en el pasado hubiera actuado sin reflexionar, de forma destructiva; pero en esa ocasión simplemente había hecho caso omiso de su primer impulso. Era conmovedor presenciar cómo compartían sus experiencias relativas a la liberación de sí mismos. No tengo palabras para expresar cuán honrado y agradecido me sentía por el hecho de que la vida me hubiera concedido asistir a estas sesiones sin proponérmelo.

Si bien la mayor parte de los miembros del grupo cumplían cadena perpetua, de forma periódica trasladaban a algunos de ellos a otra prisión. Los que permanecieron en la institución correccional de Unión creaban lazos profundos y se apoyaban mutuamente en su desarrollo espiritual. También se daba a menudo que uno de los reclusos interiorizaba las enseñanzas a tal nivel que acababa convirtiéndose en el líder del grupo. Merece la pena contar la historia de uno de estos hombres insólitos por las revelaciones sobre la rendición que nos ofrece.

Conocí a David en 1975. El grupo estaba reunido en la capilla situada en el piso de arriba de la prisión cuando un hombre muy voluminoso entró y se sentó cerca de mí. Parecía un jugador de la liga nacional de fútbol americano: no gordo, sino de gran corpulencia. Después de mi charla, se aproximó y me dijo: «Hola, me llamo Creature y soy un Outlaw». Había oído hablar de los Outlaws; se trataba de una banda de moteros como los Hells Angels. Me levanté y le contesté: «Hola, yo soy Mickey», extendiendo la mano. Así fue mi primer encuentro con un tipo llamado Creature. En su camiseta podía leerse «DAvid Clark». Desde ese día, acudió a todas las reuniones sin falta; David era un blanco del sur, a diferencia de la mayor parte de los integrantes de nuestro grupo, que eran negros, o bien hispanos. Me intrigaba saber la causa por la que una persona con su historial delictivo permanecía en el grupo. Poco a poco, me di cuenta de que sus deseos de mejorar y profundizar en la espiritualidad eran sinceros. Me solicitó diversos libros. Comenzó con la *Autobiografía de un yogui*, de Yogananda, y al cabo de unas semanas observé que llevaba consigo una imagen del maestro hindú. No sabía qué pensar de esta persona sincera e inteligente que cumplía varias condenas de cadena perpetua por delitos perpetrados como líder de una de las bandas de moteros más violentas del país. Sea como fuere, acabé profesándole un amor inmenso y sintiéndome profundamente honrado de que la vida nos hubiera juntado en una etapa tan importante de su desarrollo espiritual.

Normalmente, David se acercaba después de mi charla y me formulaba preguntas sumamente profundas, propias de un meditador experimentado. De hecho, por las interacciones que tenía con los otros reclusos, deduje que organizaba sesiones de meditación para los internos de su pabellón, una actividad que duró varios años. David se convirtió en un líder apreciado y respetado por el resto del grupo.

Un día me contó que había ocurrido algo que iba a impedir su asistencia al grupo de meditación en el futuro. Según parece, se habían encontrado los cadáveres de algunos miembros de una banda rival y se iban a presentar cargos contra David y otros miembros de su banda. No parecía muy contrariado por el giro de los acontecimientos. De hecho, reconoció que lo consideraba como una forma de pagar parte de su karma. Había actuado mal en el pasado y deseaba tener la oportunidad de resolver sus faltas. Me sentí realmente pequeño por la actitud de total rendición y la paz con la que David afrontó la situación.

A la espera del juicio, David fue trasladado al calabozo de una prisión de alta seguridad llamada La Roca. Se trataba del antiguo pabellón de la institución correccional de Unión y databa de 1925. Las condiciones de vida en ese lugar eran tan espantosas que finalmente fue derribado en 1999 bajo orden judicial. Si bien no me permitieron verlo mientras permaneció en el calabozo, me escribió diciéndome que se pasaba varias horas al día meditando y entonando cánticos.

En una ocasión en la que Amrit iba a venir al Templo para la celebración de uno de sus retiros anuales, David me transmitió lo mucho que significaría para él conocer a un gran yogui, pero era consciente que, dada su situación, eso nunca ocurriría. La carta transmitía una gran sinceridad y devoción, por lo que decidí escribir al maestro para saber su parecer sobre una posible visita a David si conseguía obtener un permiso. Aunque no había visitado ninguna cárcel, Amrit se quedó muy conmovido por la carta de David y simplemente contestó: «¿Cómo podría negarme?».

Utilicé todos los contactos que tenía en la cárcel. Con los años, había intimado mucho con el capellán, y el alcaide me conocía debido a las donaciones que habíamos hecho. Con la creación de Built with Love habíamos aportado miles de dólares para la realización de mejoras en la capilla, así como para favorecer la labor del capellán de ayuda a los presos.

Al final conseguimos autorización para realizar la visita. Puesto que David no podía salir, Amrit y yo hubimos de adentrarnos hasta la zona de los calabozos para poder reunirnos con él. Jamás olvidaré aquel día. Amrit llevaba una túnica color hueso que ondeaba en el aire mientras caminaba. Después de atravesar la puerta principal de la prisión, guardamos silencio, pues el maestro deseaba sentir el lugar para hacerse una idea de lo que era vivir allí dentro. Nunca podría llegar a describir lo que fue visitar aquella prisión. Todas las alas por las que pasábamos consistían en una sólida hilera de celdas con barrotes situadas frente a un muro de piedra. No había ni un solo toque de color por ninguna parte. Pero nuestro destino no era ninguna de aquellas celdas, sino que nos condujeron hacia un área oscura sin ventanas: se trataba del calabozo. Una vez allí, nos hicieron pasar a una celda débilmente iluminada que debía usarse para los encuentros. Se trataba de un habitáculo individual que únicamente disponía de un sucio wáter situado en medio y de una mesita rota con tres sillas. Armit y yo nos sentamos en torno a la tambaleante mesa en presencia de varios carceleros.

Al cabo de un rato trajeron a David. Aunque se hallaba encadenado de manos y pies, mis ojos lo veían hermoso. Me produjo una gran alegría verlo de nuevo. Nos abrazamos y le presenté al maestro; a continuación, los tres tomamos asiento y Amrit se sentó enfrente de David. Permanecimos mucho tiempo sentados y David mantuvo la cabeza agachada, sin alzarla en ningún momento. La energía de la estancia era parecida a la que se creaba en el templo después de que Amrit finalizaba la recitación de mantras. No intercambiaron ni una sola palabra hasta que el maestro le preguntó cómo se sentía. Cuando David levantó la cabeza para hablar, pude verle la cara por primera vez. Le rodaban lágrimas por las mejillas y tenía el rostro radiante. Contestó con un susurro: «Creo que siento todo el amor que tienes por mí, porque estoy embargado de amor». Esas fueron las únicas palabras que se pronunciaron durante el encuentro. Permanecimos sentados en silencio durante un rato más y después los guardias volvieron a llevarse a David, mientras que Amrit y yo, escoltados, recorrimos el mismo camino que habíamos seguido a la ida, hasta la salida del edificio; después nos dirigimos solos hacia el portón principal y nos fuimos.

Mientras los ojos volvían a adaptarse a la luz, me invadió un único pensamiento. En este planeta las personas vivimos en diferentes escenarios, algunos maravillosos y otros terribles. El agujero donde vivía David aislado, una auténtica prisión dentro de otra prisión, debía ser uno de los peores lugares de la Tierra para un ser humano y, sin embargo, la sinceridad de su práctica espiritual había llevado a uno de los seres más elevados del planeta hasta aquel oscuro calabozo.

Aunque nunca llegué a preguntar a David qué sintió ese día, todo su ser resplandecía cuando se lo llevaron. Recordé lo que viví la noche en que Amrit me puso la mano sobre la frente y me invadió una profunda paz al percatarme de que mi querido amigo David mantendría vivo el recuerdo de esa extraordinaria experiencia de amor para el resto de su vida[2].

---

[2] He aquí un resumen de cómo siguió esta historia para los lectores que estén interesados: David se puso a merced del tribunal durante el juicio, y gracias a su historial de buena conducta, lo condenaron a una sentencia simultánea a la pena que ya estaba cumpliendo. Así pues, pagó sus malas acciones del pasado sin que se añadiera ni un solo día a la condena que ya tenía. Poco después de esta dura prueba, fue trasladado a otra prisión. Me llegó la noticia de que en su nueva ubicación había adquirido el estatus de «recluso de confianza» y trabajaba en la capilla. Después perdí el contacto con él.

Parte V
Nace algo inestimable

32
Del yo personal al ordenador personal

Durante el otoño de 1978 sucedió algo que volvió a trastocar todo de nuevo sin previo aviso. ¡Resulta tan inspirador mirar atrás y ver cómo ciertos momentos vitales han marcado tu destino! ¿Qué hubiera ocurrido si la vida no te hubiera presentado esos momentos o si hubieras reaccionado de un modo distinto? Con el tiempo, todo habría sido diferente.

Por entonces ya creía saber lo que se esperaba de mí: dirigir Built with Love lo mejor posible y emplear los beneficios para apoyar el maravilloso trabajo que se hacía en el Templo. Pero me equivocaba de nuevo. Lo que la vida me reservaba era mucho más grandioso en todos los sentidos. ¿Cómo podía haber imaginado que acabaría dirigiendo una empresa de *software* con ingresos anuales de 300 millones de dólares y 2.300 empleados, y todo ello sin dejar el bosque de Alachua ni abandonar mi búsqueda espiritual? ¿Cómo el curso de los acontecimientos pudo desencadenar algo así, teniendo en cuenta que no había tocado un ordenador en mi vida y estaba absolutamente satisfecho con mi situación económica? Si en la actualidad tuviera que responder a esas preguntas, de mi boca saldría la palabra *rendición*. Mi experimento de rendición me había enseñado a permanecer presente en cada momento y hacer todo lo posible para que mis preferencias personales no tomaran las decisiones por mí. En lugar de eso, había permitido que fuera la realidad de la vida la que determinara mi rumbo; me había guiado a través de un fantástico viaje hasta ese momento y estaba a punto de hacer algo extraordinario con los siguientes treinta años. Si deseas saber cómo tuvieron lugar estos increíbles sucesos en una secuencia perfectamente coreografiada, con gusto compartiré contigo el relato de lo que aconteció en esta nueva fase.

Todo comenzó un día tranquilo en que había ido a una tienda Radio Shack de los alrededores con objeto de hacer algunas compras de productos electrónicos para Built with Love. Cuando iba a salir, me fijé en un objeto que parecía un teclado de máquina de escribir de plástico acompañado de una pantalla de TV de 12 pulgadas. Ambos artículos presentaban la referencia TRS-80. El destino quiso que me topara con uno de los primeros ordenadores del mercado. Al ser curioso por naturaleza, me acerqué al aparato y pulsé unas cuantas teclas; como por arte de magia, aparecieron en la pantalla esos mismos signos. Nunca había experimentado algo así en mi vida. Tan solo había asistido a un curso introductorio de informática en la universidad y habíamos hecho las prácticas con tarjetas perforadas. Nunca se nos permitió acercarnos a los terminales que estaban conectados al ordenador.

Estaba absolutamente fascinado con la máquina. Me produjo una sensación de apertura interna que solo podría describirse como amor a primera vista. Me pasé mucho tiempo jugando con ella. Me maravillaba hacer cálculos matemáticos simples y complejos, y ver aparecer los resultados en la pantalla. Finalmente, conseguí despegarme del monitor, sabiendo que retomaría mi exploración informática. Desde el primer momento en que toqué aquel aparato, sentí una profunda llamada interior desde el lugar más recóndito de mi ser. No tenía más elección que rendirme a ella. Al cabo de unos días volví a Radio Shack y me gasté 600 dólares en el mejor ordenador que tenían. En realidad, no sabía muy bien qué iba a hacer con él cuando llegara a casa; de lo único que estaba seguro era de que debía tenerlo.

Mi primer ordenador fue un TRS-80 modelo I que tan solo disponía de 16 k de memoria, un monitor de 12 pulgadas y una grabadora estándar para almacenamiento de datos: eso era todo lo que podía conseguirse en aquella época. Venía con un manual de instrucciones del lenguaje de programación BASIC y, a partir de ahí, habías de ingeniártelas tú solo.

Una vez en casa, me enfrasqué en la tarea de aprender los comandos y ver qué eran capaces de hacer. Por alguna razón, me encontraba como pez en el agua. No sentía que estuviese aprendiendo algo nuevo; más bien tenía la sensación de estar recordando algo que había sabido siempre. En el momento en que me senté frente al aparato, se silenció mi mente y entré en un estado muy parecido al meditativo. Sentía cómo ascendía el flujo de energía y se centraba de un modo maravilloso en el punto situado entre las cejas; me embargaba un sentimiento de paz. Al parecer, había que trabajar con ese ordenador. Nunca lo puse en duda; simplemente continué rindiéndome a las circunstancias.

Antes de la aparición del ordenador ya tenía dos ocupaciones a tiempo completo: el Templo del Universo y Built with Love; así pues, debía encontrar un hueco para mi nueva pasión. Comencé a trabajar después del servicio nocturno del templo e incluso a altas horas de la madrugada, por lo que a veces dormía solamente tres o cuatro horas antes de levantarme para acudir a la meditación matinal. Me sentía tan inspirado mientras manejaba el ordenador que no me cansaba nunca. Tenía claro, incluso entonces, que estaba sucediendo algo muy especial.

Primero me dediqué a juguetear y escribir unos cuantos programas para tantear las posibilidades del aparato, y al cabo de unas cuantas semanas me sentí preparado para diseñar un programa de verdad. Mi primera tarea consistió en elaborar un sistema contable informatizado para Built with Love; hube de aprender todo de forma autodidacta. Los dependientes de Radio Shack no sabían nada de programación y no conocía a nadie a quien poder consultar. Así pues, fui aprendiendo de mis propios errores.

Una vez hube terminado el programa de contabilidad, avancé muy rápidamente en el campo de la programación. Había entablado amistad con el gerente de Radio Shack y cada vez que pasaba por la tienda le mostraba copias impresas de mi trabajo. Mi amigo estaba tan impresionado de lo que era capaz de hacer con el aparato que me pidió permiso para enviarme algunos clientes. Para mi sorpresa, acabó mandándome personas interesadas en conseguir programas personalizados. De repente, tenía otro negocio entre manos. Por increíble que parezca, estos humildes comienzos permitieron el nacimiento de Personalized Programming, una empresa multimillonaria de software de escala nacional.

Al igual que sucedió con todo lo demás desde que tomé la decisión de dejarme llevar por el fluir de la vida, Personalized Programming surgió por sí misma. No hubo reuniones, planes comerciales ni inversores de riesgo. Como había sucedido con el Templo del Universo y Built with Love, lo único que hice fue aceptar el reto de ponerme al servicio de lo que me presentaba la vida. Nunca dejé el bosque; todo fue llegando sin haberlo pedido ni deseado. Afortunadamente, disfrutaba ayudando a la gente y no me importaba la forma que adoptara ese servicio, ya fuera enseñando a acallar la voz de la cabeza, construyendo una casa o escribiendo un programa. Todo era lo mismo ante mis ojos. Programar se había convertido en una verdadera pasión y me encantaba poner mi talento al servicio de los demás.

Al principio recibí pequeños encargos y no sabía muy bien cuánto cobrar por ellos. Elaboré un programa para un profesor de la Universidad de Florida por 300 dólares. Era tan perfeccionista que no se lo entregué hasta haberlo mejorado todo lo posible. Desde el comienzo de mi trayectoria como programador el corazón me pedía que escribiera cada línea de código dando lo mejor de mí, sin importar lo que me pagaran por ello: todo debía ser perfecto.

Durante 1979 comencé a pasar cada vez más tiempo sentado en una habitación programando. Cuando el gerente de Radio Shack me preguntó si podía mandarme algunos clientes, no sabía a qué atenerme. Resultó que comencé a recibir llamadas de las tiendas Radio Shack de todo Gainesville, e incluso de establecimientos de ciudades más alejadas, como Jacksonville, y pronto llegué a tener más encargos de los que podía atender. A raíz de mi formación en economía y mi conocimiento de la ley de la oferta y la demanda, decidí subir los precios; pero no sirvió de mucho: seguía llegando una petición tras otra. En esa época empecé a darme cuenta de que cada trabajo se hallaba perfectamente secuenciado y me permitía progresar hacia el siguiente nivel en mi trayectoria como programador. Aunque trabajaba a solas en el bosque, no cabía duda de que la vida estaba convirtiéndome en un programador profesional.

No tardé mucho tiempo en tomar conciencia de que escribir software personalizado llevaba mucho tiempo y sería más provechoso vender algún sistema disponible en el mercado para satisfacer las necesidades de mis clientes; de este modo, me convertí en distribuidor de uno de los mejores paquetes contables, que era comercializado por una empresa californiana llamada Systems Plus. No recuerdo cómo seleccioné ese software en particular, pero mirando atrás, me doy cuenta de que debió tratarse de una decisión inspirada, ya que un tiempo después quiso el destino que dicha empresa desempeñara un papel relevante en mi vida.

A finales de 1979 tenía cada vez más trabajo con la venta del paquete contable, y ofrecía además hardware y asistencia. Trataba tan bien a mis clientes que incluso Systems Plus comenzó a derivarme compradores. Del mismo modo que había aprendido a programar gracias a los encargos que me llegaban, estos nuevos trabajos estaban enseñándome a analizar, implementar y apoyar el proceso de informatización de todo tipo de empresas.

Rápidamente se corrió la voz y la demanda de mis productos y servicios continuó en aumento. Entre los nuevos clientes que me llegaban de Systems Plus y Radio Shack, y los que ya tenía, comencé a recibir pedidos de empresas de todo el estado. Pero trabajaba solo y mantenía mi compromiso de asistir a los servicios matinales y nocturnos del templo. Dado que procuraba evitar los viajes de negocios que me obligaran a pernoctar fuera, dejé pasar algunas oportunidades, plenamente convencido de que debía anteponer la práctica espiritual a las nuevas ofertas. Hubiera continuado en esta línea indefinidamente de no haber aparecido James.

James Pierson era un buscador sumamente sincero que acababa de mudarse a una de las viviendas del Templo, y la perfección de la existencia determinó que, además, tuviera una licencia de piloto. Un día me oyó hablar sobre la imposibilidad de aceptar clientes de fuera de la ciudad y me propuso alquilar un avión pequeño de un solo motor y volar a esos lugares con una tarifa más que razonable. De este modo, comenzamos a realizar viajes diurnos en avión para atender a clientes de otras partes del estado que estuvieran dispuestos a pagar un suplemento por mis servicios. Solía tratarse de negocios de lujo, como el de un cliente de West Palm que ejercía de intermediario en la venta de *jets* privados. Con la vida como maestra, poco a poco, este hippie sin traje que vivía en un bosque de Alachua estaba aprendiendo a relacionarse profesionalmente con empresarios de éxito. Mi fórmula para triunfar era bien sencilla: consistía en dedicarme en cuerpo y alma a aquello que tuviera entre manos sin pensar en los resultados, y desempeñar la tarea como si me la hubiera encargado el propio universo, porque, en realidad, así era.

Personalized Programming fue siempre un negocio excitante. Ahora me tocaba volar sobre las nubes en un diminuto avión de dos plazas. Mientras viajábamos solía mirar a la inmensidad del cielo y preguntarme: «¿Cómo he llegado hasta aquí?». Me había retirado al bosque con la intención de dejarlo todo y dedicar mi vida a la práctica espiritual. Ahora una *boutique* de West Palm —una de las ciudades más prósperas de Estados Unidos— me había contratado para volar hasta allí e informatizar el negocio. Todo ello escapaba a mi comprensión. Estaba viviendo en un cuento de hadas.

33
La creación de The Medical Manager

Personalized Programming se había convertido en una exitosa empresa individual. En 1980 mi cuñado Harvey me sugirió constituirla en sociedad por cuestiones de responsabilidad. Recuerdo que, aunque me parecía innecesario, seguí su consejo y registré Personalized Programming en el estado de Florida, por lo que se me envió un certificado de acciones que metí en mi caja de seguridad del banco. Si bien el certificado lucía un precioso sello oficial, no tenía ningún valor real excepto para mí. De todos modos, Personalized Programming, Inc. era ahora una sociedad anónima de Florida.

Me encantaba el trabajo que llevaba a cabo en la compañía. En todo caso, mi pasión por los ordenadores había aumentado desde aquel primer día en Radio Shack. Cada ordenador que instalaba era como un querido amigo que dejaba atrás para servir a mis clientes. Aunque se trataba de una empresa individual, en realidad, mis trabajadores funcionaban día y noche, sin quejarse, al servicio de diferentes personas.

Cuando comencé a ofrecer soluciones de sistemas completos y servicio de asistencia a mis clientes, Personalized Programming empezó a generar más de cien mil dólares al año, una cifra bien distinta de los cinco mil que ganaba en Santa Fe hacía unos cuantos años. Además, Built with Love seguía obteniendo unos beneficios razonables. A pesar de estos cambios, apenas había modificado mi estilo de vida. El dinero procedente de las dos empresas era donado al Templo y se destinaba a la adquisición de terrenos y a gastos de la comunidad. El modo en que se desarrollaban los acontecimientos era tan perfecto que incluso la mente guardaba silencio. Por aquella época me di cuenta de que finalmente había dejado de establecer una separación entre lo *mundano* y lo *espiritual*. Comenzaba a verlo todo como la perfección milagrosa del fluir de la vida.

Si por mí hubiera sido, mi vida hubiera seguido en esa dirección. Pero, según parece, en mi experimento de rendición no había espacio para hacer las cosas a mi manera. A principios de 1980 recibí en el mismo día dos llamadas telefónicas que acabarían marcando el inicio de una nueva fase de mi extraordinario viaje. Parecían simples llamadas de personas que solicitaban un sistema de facturación médica con la idea de realizar la gestión de cobros a pacientes privados y compañías de seguros mediante un ordenador. Si bien no disponía de un sistema que pudiera hacerlo, les prometí recabar información sobre el asunto y volver a contactar con ellos.

Tras investigar sobre el tema, encontré lo que buscaba a través de un contacto de Miami. Supuestamente se trataba de un paquete de software de distribución nacional que estaba dando buenos resultados; pero debería haber averiguado si las referencias eran fiables. Tras recopilar información sobre el sistema y enterarme del precio, llamé a mis potenciales clientes con una oferta. La verdad es que no sabía en qué estaba metiéndome, ya que, al probarlo, no tardé en darme cuenta de que era una auténtica porquería y que no podía distribuirlo de ninguna manera.

Al transmitir las malas noticias a mis clientes, ambos reaccionaron de idéntica forma: habían oído que yo era un programador de confianza que había escrito software personalizado para numerosos negocios. ¿Por qué no hacía lo mismo para ellos?

Recuerdo que estaba sentado en el suelo de mi pequeña oficina. La vocecita de la cabeza me señalaba la cantidad de tiempo que llevaba escribir código en comparación con vender paquetes de software comerciales. Lo que me pedían estas personas era un proyecto mucho más ambicioso que todo lo que había emprendido hasta la fecha. Así pues, advertí a mis clientes que me llevaría un par de años elaborar un sistema de semejantes características. Desgraciadamente, contestaron que estaban dispuestos a esperar siempre y cuando pudieran aportar sugerencias durante el proceso. Realmente no deseaba implicarme en un proyecto de tal envergadura. Pero aunque todavía no había establecido un acuerdo definitivo con ellos, mi compromiso de honrar el fluir de la vida seguía plenamente vigente. La mente se aquietó cuando me di cuenta de que no tenía más elección que rendirme ante la situación en la que me había colocado la existencia. Sucedió como tantas otras veces en las que me puse en manos de la vida, a pesar de mi resistencia inicial. Respiré hondo y les informé de que haría todo lo posible por escribir un sistema de gestión de cobros.

Una vez colgué el teléfono, recogí el impreso de solicitud de reembolso de gastos médicos que estaba tirado en el suelo junto a mí. Me había hecho con un ejemplar para familiarizarme con esta clase de formularios. Comencé a pensar en el modo de estructurar un programa que reuniera y almacenara todos los datos necesarios para rellenar ese tipo de documento. No imaginaba que aquellas primeras reflexiones marcarían el inicio de un viaje a través de la informatización de la industria médica que duraría casi tres décadas. A veces me preguntan cuándo me surgió la visión de encaminar Personalized Programming hacia esa dirección. Ahora ya sabes que la respuesta es bien sencilla: lo único que hice fue atender con todo mi ser a lo que la vida me presentó entonces. Pero esta vez el alcance de la tarea que se me había encomendado superaba al de cualquier desafío previo.

No hubo reuniones ni presupuesto ni planificación de proyecto: únicamente contaba conmigo mismo. Sin más dilación, comencé a codificar el software que posteriormente se denominaría The Medical Manager, un producto que acabaría revolucionando la gestión clínica en Estados Unidos. Sé que es difícil de entender, pero para mí escribir código era como mantener una conversación con otro ser humano: no necesitaba pensar qué deseaba expresar o cómo decirlo; tan solo había una secuencia de pensamientos que fluía directamente desde mi mente hasta el aparato. Cuando elaboraba un programa, la voz de la cabeza hablaba en el lenguaje de programación, los pensamientos se formaban en dicho lenguaje, no en inglés, y por esta razón, simplemente me sentaba frente al ordenador y escribía código perfectamente estructurado. Me gustaría retomar en este punto la reflexión sobre la naturaleza de la inspiración y su procedencia. Beethoven trasladaba al papel la música que oía en su interior por inspiración. Los artistas tienen visiones creativas y luego las manifiestan. En lo que a mí respecta, si bien The Medical Manager no surgió a raíz de ninguna visión grandiosa, día tras día el constante flujo de inspiración me hacía saber hacia dónde dirigir el programa. Simplemente me sentaba delante del ordenador y escribía los pensamientos inspirados que surgían espontáneamente en forma de código.

Escribí sin parar con un fervor y una pasión casi alarmantes, primero el historial del paciente y después los tratamientos médicos que habían de cobrarse. Trabajaba dando lo mejor de mí:

no solo escribía un programa para mis clientes, sino que estaba elaborando el mejor producto posible como una ofrenda al universo. Estaba tan inspirado que ni se me pasaba por la cabeza tomar ningún atajo para avanzar más rápido. Este perfeccionismo acabaría distinguiendo The Medical Manager de la mayor parte de los sistemas de facturación médica más competitivos del mercado. En pocas palabras, el programa requería tanta perfección como fuera posible, al margen del tiempo que llevara concluirlo o lo poco razonable que pareciera tal planteamiento desde el punto de vista empresarial.

Lo cierto es que, en realidad, no trabajé en el proyecto desde una perspectiva comercial. Si bien me imaginé que podría venderlo a otros médicos de la ciudad, nunca pensé en una distribución masiva. Podía pagar de mi bolsillo los gastos ocasionados, debido a la perfección con la que habían sucedido los acontecimientos. Y no estoy empleando el término *perfección* a la ligera. Durante el tiempo en que me dediqué a escribir el programa se creó una zona residencial a tan solo un kilómetro y medio de la propiedad del Templo. Built with Love consiguió varios contratos para la construcción de casas a medida en la zona, con lo cual no hube de desplazarme para encargarme de las obras. Además, Personalized Programming ya contaba con varios clientes fijos y contraté a un chico joven a tiempo parcial para que me ayudara con pequeños trabajos de programación personalizada. Le enseñé a utilizar los programas que había elaborado anteriormente, y revisé y probé su código. Sin darme cuenta, aunque pensaba que estaba enseñándole, realmente era yo el que estaba entrenándome en relacionarme con otros programadores, una habilidad que iba a necesitar indudablemente en un futuro cercano. Por lo visto, estaba destinado a dirigir a cientos de desarrolladores de software altamente cualificados.

34
Los primeros programadores

NADIE EN SU SANO JUICIO PENSARÍA EN SENTARSE y ponerse a escribir todo un sistema de facturación médica por su cuenta. Sin embargo, yo no estaba en mi sano juicio y había aceptado el proyecto como la siguiente tarea que me encomendaba la vida. Lo consideraba algo sagrado. Mi camino espiritual giraba en torno a mi experimento de rendición. Con objeto de mantener la distancia con la charla mental, seguía meditando regularmente y continuaba practicando el permanecer centrado en cada instante. Cada vez que me sentaba frente al ordenador para trabajar en el programa, respiraba hondo y me recordaba a mí mismo que estaba escribiéndolo como una ofrenda al universo. Me hallaba en un diminuto planeta que gira por el espacio exterior y esa era la tarea que se me había asignado. Ni siquiera me planteaba pedir ayuda.

El programa estaba por la mitad cuando mi ángel de la guarda me envió una colaboradora, que si bien no había sido solicitada, era absolutamente oportuna. Algunos momentos de nuestra vida están marcados por el destino. Así fue ese fugaz instante que tuvo lugar una mañana de domingo durante el otoño de 1980. Yo trataba de abrirme paso entre la multitud reunida en el porche del templo cuando se me acercó una joven desconocida que hablaba tan bajito que era difícil distinguir sus palabras entre el ruido de fondo. Como presentación, me contó que acababa de licenciarse en la Universidad de Florida, donde había asistido a algunas clases de programación. Había oído que yo me dedicaba a ello y deseaba trabajar conmigo, incluso sin cobrar al principio si era necesario. Se llamaba Bárbara Duncan.

Aunque realmente necesitaba ayuda, no me imaginaba cómo materializarlo: había estado escribiendo el programa directamente desde mi mente al ordenador, por lo que no había puntos de enganche para que otra persona se incorporara. Además, no conocía a aquella chica y parecía sumamente tímida. Por fortuna, estaba bien entrenado en ver pasar los pensamientos, en lugar de escucharlos ciegamente. Simplemente me detuve un instante, respiré hondo y reconocí esa negatividad como la resistencia inicial de mi mente ante el cambio; acto seguido, conseguí desprenderme de ese forcejeo interno y me rendí a la situación del momento: aquella joven se había ofrecido con sinceridad y yo realmente necesitaba que me echaran una mano. Así pues, le dije que, si bien no podía prometerle nada —pues estaba habituado a trabajar solo—, estaba dispuesto a intentarlo. Fijamos una cita para unos días después y le pedí que fuera pensando en un sueldo inicial razonable, ya que tenía intención de remunerar su trabajo.

El gran talento y capacidad que permanecían ocultos en esta persona que apareció un buen día en el Templo escapa a mi comprensión. Si bien Bárbara se mostró sumamente tímida y asustada al principio, durante los veinte años siguientes demostró una gran disponibilidad siempre que se la necesitaba y la capacidad de destacar en todo lo que llevaba a cabo. También comenzó a acudir regularmente a los servicios del templo y se mudó a la comunidad poco después de empezar a trabajar para mí. Ella fue la primera empleada a tiempo completo de Personalized Programming y se convirtió en un pilar tanto de la empresa como de la comunidad. Resultó que la jovencita que conocí en el porche del templo aquel día tenía una mente brillante y el corazón de una guerrera.

Cuando Bárbara empezó a trabajar para mí ya iba por la mitad del programa. Hasta entonces no había verbalizado mis pensamientos con nadie, y compartir mi visión global del sistema con otra persona resultó ser muy beneficioso. Formamos un magnífico equipo, pues era perfectamente capaz de comprender mi planteamiento y hacerlo suyo, lo cual se convirtió en un punto esencial cuando fueron incorporándose más programadores a la empresa. En resumen, fue un regalo de Dios. Llegó exactamente cuando la necesitaba, en una época en que ni siquiera tenía la sabiduría suficiente como para comprender que precisaba de ella. No la busqué, simplemente apareció.

La verdad es que anteriormente había sucedido lo mismo con Radha. Desde el primer día se responsabilizó de la contabilidad y de las tareas administrativas tanto de las empresas como del Templo, y treinta años después continúa viviendo en la comunidad y gestionando sus asuntos. Parecía que estas personas hubieran sido cuidadosamente seleccionadas por la espiritualidad y el disciplinado estilo de vida del Templo, además de encajar perfectamente en los puestos de alta cualificación que iban creándose. Esto fue sucediendo una y otra vez a medida que se expandía la empresa. Era como estar danzando con la perfección del universo. Aunque por entonces no era plenamente consciente de ello, el ser testigo de los resultados de mi experimento de rendición estaba ayudándome más a liberarme del molesto sentido del «yo» que las largas horas dedicadas a las prácticas espirituales. Si bien era plenamente consciente de que no estaba haciendo nada para que estos hechos tuvieran lugar con tanta excelencia, me sentía profundamente honrado de observar cómo se manifestaba la perfección de la vida.

Contratamos a otros dos programadores al año siguiente y, para cuando terminamos la primera versión del software, trabajábamos en la empresa cuatro personas a tiempo completo. Necesitamos más colaboradores, sobre todo porque ni Barb ni yo seguíamos la vía más fácil, sino la mejor. Por ejemplo, uno de los módulos más interesantes e importantes que escribimos estaba relacionado con la impresión del formulario de solicitud de reembolso de gastos médicos. Recuerdo los días que pasé con mis clientes analizando sus necesidades de facturación. Habías de ser una lumbrera para entender las sutiles diferencias que se generaban a la hora de rellenar impresos supuestamente estandarizados. Pero ellos insistían en que cada detalle era esencial a fin de que las diferentes aseguradoras efectuasen adecuadamente los pagos.

Barb y yo conseguimos desarrollar un sistema sumamente sofisticado usando plantillas que permitían que las propias consultas especificaran cómo deseaban rellenar los formularios de cada compañía de seguros. Trabajábamos para desarrollar un sistema que cubriera plenamente las necesidades de facturación de un centro médico con relación a los cobros a las aseguradoras, lo cual fue una de las razones principales de la rápida aceptación del programa. En muy poco tiempo se concretaron los cientos de plantillas necesarias para tratar con las compañías aseguradoras de todo el país.

Esto da una idea del nivel que alcanzamos incluso con la primera versión. Nos esforzamos al máximo, dando lo mejor de nosotros. Nunca me había dedicado a algo que demandara el grado de excelencia de este programa. Era como un diamante pulido cuando lo terminamos. Lo consideraba algo vivo y sentía un enorme respeto al tocarlo. Es increíble que el asombroso fluir de la vida hubiera creado aquel programa; me parecía que tenía vida propia y que nuestra función era prestarle servicio.

A principios de 1982, después de dos años de intenso trabajo, por fin tuvo lugar la instalación del programa. Para ser la primera vez que escribíamos un programa tan exhaustivo, todo marchó sobre ruedas. Nunca había pensado en lo que sucedería después; habíamos estado completamente centrados en elaborar y entregar el mejor producto posible, ya que era una tarea que nos había sido asignada por la vida. Su destino iría revelándose por sí solo, exactamente como había ocurrido con cada paso del camino hasta entonces.

35
La preparación para el lanzamiento

Además de los grandes progresos con el programa, me alegraba ver cómo el curso de los acontecimientos beneficiaba a las personas que me rodeaban, especialmente a Barb, que estaba trabajando intensamente. Sobre esa época, mi vecino Bob Tilchin decidió marcharse y el Templo adquirió su propiedad. Así pues, Barb se mudó a aquella casa y estrenó también una merecida oficina cuando Personalized Programming trasladó a sus cinco empleados a un nuevo edificio situado en la propiedad del Templo. Yo también me beneficié de una oficina más agradable, donde, con el tiempo, tendrían lugar importantes sucesos, aunque ninguno tan relevante como una llamada que recibí un día mientras trabajaba con el ordenador.

Acabábamos de terminar la primera instalación del producto y me quedaba poco para concluir el manual del programa cuando sonó el teléfono. Me llamaban de Systems Plus, la empresa distribuidora del programa contable que estábamos vendiendo. Yo comercializaba sus productos a pequeña escala y no solían llamarme, pero hacía poco les había dejado un mensaje informándoles de la detección de algunos problemas con un nuevo software que habían sacado al mercado.

La responsable de servicio al cliente de Systems Plus que se hallaba detrás del teléfono se presentó como Lorelei y se deshizo en disculpas por los problemas que estábamos teniendo. En algún punto de su discurso, me recomendó que me mantuviera atento a sus nuevos lanzamientos de software, ya que estaban ampliando la oferta más allá de la contabilidad general y estaban buscando los mejores paquetes inmobiliarios, legales y de facturación médica.

Me pilló por sorpresa oírle decir «de facturación médica». Al principio, me daba demasiado apuro intervenir: Systems Plus era una gran empresa de software sita en Silicon Valley, y yo, un tipo que vivía en un bosque y que había aprendido a programar de forma autodidacta. Es cierto que me había pasado los últimos dos años escribiendo un programa de gestión de cobros, pero este llevaba instalado solamente dos semanas en una pequeña consulta. Aunque la voz de la cabeza me aseguraba que Systems Plus no estaría interesado en mi humilde programa, respiré hondo, me rendí al momento e informé a Lorelei de que acababa de concluir un paquete de facturación médica. Ella empezó a decir algo y se detuvo. Tras una breve pausa señaló: «Espera un minuto, que acaba de entrar mi jefe; voy a ver si está interesado». Realmente no sabía qué pensar.

Cuando Lorelei volvió a ponerse al teléfono, me contó que su jefe estaba muy interesado en examinar cualquier software especializado en facturación médica; asimismo, me animó a enviarles el sistema junto con el manual que estaba ultimando. Cuando colgamos, estaba atónito. ¿Qué acababa de ocurrir? Aunque no me había planteado nunca encontrar un distribuidor de mi software, una de las empresas distribuidoras más importantes me telefoneaba a los bosques de Alachua, Florida, y acababa interesándose por mi sistema. Más tarde descubrí que cuando Lorelei mencionó a su jefe, estaba refiriéndose a Rick Mehrlich, el presidente de la compañía, que en ese preciso instante pasaba por su escritorio. Quizá comprendas ahora por qué he aprendido a honrar tan profundamente el fluir de la vida.

Me llevó una o dos semanas ultimarlo todo y mandarlo a la oficina central de Systems Plus. Aquella escena en la que ofrecí el paquete concluido al universo tuvo algo de irreal y onírico. Simplemente había seguido el fluir de los acontecimientos, sin expectativas, esperanzas ni sueños sobre nada. Continuaba haciendo las cosas lo mejor posible al servicio de lo que la vida me presentara. Desde mi punto de vista, yo no era un programador, sino un yogui que vivía en medio del bosque. Había comprado un microcomputador por 600 dólares hacía unos años y me había dedicado a juguetear con él durante un tiempo. A continuación, me había dejado engañar para pasarme dos años escribiendo un paquete de facturación médica, a pesar de que mi mente había decidido previamente que escribir software me llevaba demasiado tiempo. Y ahora, sin realizar ni una sola llamada, estaba a punto de mandar mi programa al presidente de una exitosa empresa de software de California. ¿Cómo podía ocurrir algo así, incluso en un cuento de hadas?

Al cabo de unas semanas me llamaron de Systems Plus para informarme de que su presidente deseaba desplazarse hasta Alachua para conocerme personalmente. Accedí a su petición y, en menos que canta un gallo, Rick Mehrlich estaba sentado en el sofá de mi oficina explicándome que tenía la intención de distribuir mi software. Me contó que era el mejor que había visto nunca y que podía hacer un gran trabajo de distribución en el mercado. Me agradaron tanto su franqueza como sus elogios, y desde el primer momento me sentí cómodo trabajando con él. Es importante comprender que, desde mi punto de vista, el hombre que estaba sentado frente a mí había sido escogido cuidadosamente por la Fuerza Universal para presentar al mundo a mi criatura. Al igual que Barb salió de la nada y resultó ser la persona absolutamente perfecta para ayudarme, este hombre había aparecido para comunicarme que había sido enviado para distribuir mi paquete de software.

No contacté con ningún otro distribuidor ni examiné otras opciones; únicamente me rendí a la perfección del fluir de la vida. Cuando Rick y yo cerramos el trato con un apretón de manos, no podíamos saber que seríamos compañeros de un viaje fantástico durante unas cuantas décadas. Como era de esperar, Systems Plus resultó ser la distribuidora ideal para nuestro producto. Una vez más, actuaba la magia de la vida.

En septiembre me informaron de que iban a lanzar al mercado The Medical Manager en el marco de la feria de informática COMDEX de 1982, que tendría lugar en noviembre en Las Vegas. Se trataba de la mayor exposición comercial de ordenadores del país y la segunda mayor del mundo. Systems Plus había planeado mostrar el producto en su enorme estand, de modo que debíamos tener firmado el contrato de distribución, así como enviar la versión final del software a California antes del evento.

Sucedió que el Templo tenía programado un retiro grande con Ram Dass para el primero de octubre de ese año, que coincidía con la fecha tope que me había fijado Systems Plus para la entrega de la versión concluida. Dado que no pude enviar el software antes del retiro, Ram Dass acabó llevándolo en su regazo durante todo el viaje. En un momento dado, me preguntó con su estilo franco y directo: «¿Es bueno?». Le contesté que no tenía ni idea: podía valer un millón de dólares o no valer nada. Resultó que me quedé corto de ceros. Siempre sentí un profundo respeto por Ram Dass, como todos los que crecimos bajo su aura de absoluta honestidad con uno mismo. La perfección de las circunstancias que le llevó a sostener el paquete durante el trayecto en coche antes de su lanzamiento me parecía increíble. ¿Quién sabe cómo funciona esta maravilla? Yo no puedo afirmar que lo sepa. Vi cómo fue concebido ese software y el modo en que había atraído lo que necesitaba para ser escrito, así como para ser un producto líder desde el primer momento; después había llamado la atención de un excelente distribuidor mágicamente y en aquellos instantes descansaba sobre el regazo de uno de los maestros espirituales de Nueva Era más respetados del mundo. Este programa tenía su propio destino y estaba a punto de embarcarnos a todos nosotros en un viaje que no podríamos haber imaginado.

Parte VI
Las fuerzas del desarrollo natural

36
La base de un exitoso negocio

El lanzamiento de The Medical Manager en la exposición comercial de Las Vegas fue un espectáculo digno de contemplarse. Acudí para ver a Systems Plus en acción y conocer al personal. Nunca había estado en una exposición como aquella. (Recuerda que llevaba viviendo varios años en el bosque). El stand de Systems Plus estaba cubierto de anuncios que publicitaban The Medical Manager. Una cosa es ver crecer a tu hijo durante dieciocho años y presenciar su ceremonia de graduación de la escuela secundaria y otra bien distinta que una criatura de tan solo unos pocos meses de vida sea el centro de atención de una producción sumamente profesional en el marco de una feria tan grande como COMDEX. El estand de Systems Plus era uno de los mayores del evento y todo el mundo hizo un magnífico trabajo en la presentación del producto. Había terreno fértil para un software de facturación médica y se despertó un gran interés en torno al producto. Estaba maravillado de ver a los vendedores de Systems Plus haciendo demostraciones de él. The Medical Manager no tuvo ningún período de prueba: de los tranquilos bosques de Alachua pasó directamente a las luces del estrellato de Las Vegas, sin pasos intermedios.

No tuvimos tiempo de dormirnos en los laureles, ya que Systems Plus comenzó a firmar contratos con distribuidores y a comercializar el producto de inmediato. Lo que siguió fue una avalancha de peticiones de nuevas prestaciones y adaptaciones a necesidades concretas. Cada especialidad médica deseaba algo específico y el personal de la mayor parte de las consultas quería que el programa realizara exactamente las mismas tareas que se llevaban a cabo en papel. Por si esto fuera poco, al cabo de uno o dos meses de su lanzamiento, Systems Plus me informó de que además del maravilloso sistema de facturación médica que habíamos creado, los distribuidores necesitarían un programa de gestión de citas y diversas prestaciones específicas, para poder seguir vendiendo el producto con éxito.

¿Cómo íbamos a llevar a cabo todo eso? Ninguno de nosotros tenía formación o experiencia en el diseño de software médico. Habíamos de ingeniárnoslas como pudiéramos, y lo hicimos. Si me preguntaras cómo, te diría que mi experiencia con la meditación me había mostrado que existen dos aspectos bien diferenciados de eso que denominamos *mente*. Por un lado está la mente discursiva, que establece relaciones entre nuestros conocimientos en complejos patrones de pensamiento para hallar soluciones lógicas, y por otro está la mente intuitiva, que se rige por la inspiración y que, al considerar un problema, es capaz de encontrar al instante una solución creativa. Por lo visto, los años que había dedicado a la práctica espiritual con la intención de acallar la voz del pensamiento habían abierto la puerta a un flujo de inspiración casi permanente. Al parecer, cuanto más en calma estaba la mente, más evidentes eran las soluciones. Lo mismo le sucedía a Barb. De alguna manera, poseía la habilidad de sintonizar casi en el acto con las mismas soluciones creativas que yo había descubierto y de ayudarme a desarrollarlas siguiendo una lógica. Así es como se diseñó The Medical Manager, y el liderazgo del producto durante tantos años fue un auténtico homenaje a este proceso creativo. Nuestra rapidez a la hora de diseñar software llegó a ser legendaria.

Mientras tanto, había tanto interés en el producto que a duras penas podíamos atender la demanda. Daba la impresión de que estaban presentándose desafíos en todos los ámbitos. Nuestros cursos de formación para distribuidores pueden ilustrar este punto. Organizamos nuestro primer seminario anual sobre The Medical Manager en una pequeña habitación del hotel Hilton de Gainesville en la primavera de 1983, un escenario bastante grande para los quince o veinte asistentes. Pues bien, pocos años después hubimos de alquilar todo el hotel, con sus doscientas habitaciones, las instalaciones para congresos y las salas de estar. Y a principios de los años noventa, tanto el hotel Hilton como los demás hoteles de la zona no alcanzaban a cubrir nuestras necesidades, y para encontrar un alojamiento lo suficientemente espacioso hubimos de trasladar a Orlando la celebración del seminario.

El desarrollo espiritual que experimenté como resultado de mi trabajo en Personalized Programming fue muy profundo. La diversidad de tareas que componían ahora mi vida diaria oscilaba entre dirigir el Templo y dar charlas sobre espiritualidad tres veces por semana, y enseñar a usar el software de gestión clínica a cientos de empleados de distribuidoras. A pesar de todos estos cambios externos, no me convertí en un ejecutivo convencional, sino que seguí siendo una persona cuyo camino espiritual consistía en rendirse al fluir de la vida y poner todo su ser en el desempeño de las tareas que la vida le ofrecía. Meditar diariamente dos veces al día me ayudó claramente a mantener mi propósito.

El año 1985 fue relevante para todos nosotros. En tan solo dos años Systems Plus había establecido acuerdos comerciales con más de doscientos distribuidores y llevábamos a cabo más de ciento cincuenta instalaciones cada mes. El diseño de nuestras plantillas de facturación médica fue todo un éxito y nos permitió gestionar los cobros de prácticamente todas las compañías de seguros del país. Pero antes de que pudiera recuperar el aliento, la industria médica comenzó a sufrir una enorme transformación. A medida que se informatizaban cada vez más centros médicos, empezó a hacerse posible sustituir la facturación en papel por la electrónica. Las ventajas eran tan grandes que iban a suponer un considerable avance en el sector. A pesar del éxito de nuestro sistema de facturación en papel, hubimos de rendirnos al hecho de que la industria de la asistencia sanitaria estaba entrando en la era de la comunicación entre ordenadores. Desgraciadamente, no sabíamos nada sobre el tema. La historia de cómo acabamos liderando esa área constituye otro homenaje a la perfección del fluir de la vida.

Recuerdo la primera reunión que tuvimos sobre la creación de impresos electrónicos. Nos dimos cuenta de inmediato de que la solución óptima sería utilizar plantillas, tal como habíamos hecho con la facturación en papel; pero no iba a servirnos el diseño que habíamos empleado anteriormente. Por lo que sabíamos, se trataba de una solución totalmente novedosa. Mi equipo de programadores no tenía nada claro que pudiera llevarse a cabo, y tampoco sabían por dónde empezar, ya que cada compañía de seguros iba a requerir formularios diferentes.

Sin embargo, no deseaba darme por vencido, y precisamente esa misma semana tuvo lugar otro de los milagros de la vida. El domingo, después del servicio religioso, un antiguo residente de la comunidad de Amrit —a quien acababa de conocer en ese momento— me preguntó si tendría trabajo para él en caso de instalarse en la zona. Se llamaba Larry Horwitz. Recordaba vagamente que algunos miembros de esa comunidad me habían contado que era un hombre brillante. Tras examinar su currículum, me di cuenta de que, una vez más, la vida me había enviado a la persona perfecta para afrontar nuestro problema. Aunque mi nuevo fichaje no tenía experiencia en la facturación de seguros, se mostró muy interesado por nuestro innovador enfoque hacia los impresos electrónicos.

Larry se estudió cada uno de los 250 libros de especificaciones de las entidades aseguradoras de todo el país y planificó qué necesitaríamos exactamente para utilizar plantillas que permitieran gestionar los formularios de todo el territorio nacional con un solo programa. Gracias a él, conseguimos implementar los cambios por los que The Medical Manager logró un programa de facturación electrónica con una tecnología absolutamente innovadora. La respuesta fue extraordinaria. Larry estaba tan ocupado creando las plantillas, que hubimos de formar todo un departamento en torno a él. Dado que las compañías de seguros modificaban sus especificaciones con regularidad, veinticinco años más tarde Larry Horwitz seguía al cargo de la facturación electrónica. ¿Cómo puede una persona de semejante talento simplemente aparecer justo cuando se le necesita?

The Medical Manager lideró el sector de impresos electrónicos. El éxito del producto se debió a que permitía mandar los formularios directamente a aseguradoras como Blue Cross Blue Shield y Medical Care. En 1987 el producto se convirtió en el primer sistema de gestión clínica del país capaz de enviar formularios electrónicos a los cincuenta estados. En el año 2000 The Medical Manager obtuvo reconocimiento por sus logros en la informatización de la industria médica, al ser incorporado a la colección permanente del Instituto Smithsoniano. La enorme tarea que llevamos a cabo para implementar las transacciones electrónicas en decenas de miles de consultas será preservada para las generaciones futuras. Consideré todo esto como uno de los múltiples milagros de la existencia.

37
La industria llama a la puerta

Personalized Programming era una peculiar empresa ubicada en medio de la naturaleza en un pequeño edificio dentro de la propiedad del Templo. Ninguno de nosotros éramos ejecutivos sofisticados ni expertos programadores profesionales; más bien éramos personas que se habían reunido en torno a la realización de una tarea. Normalmente, los negocios prósperos han de planificar su crecimiento desarrollando estrategias comerciales y un presupuesto financiero. En nuestro caso, nuestro único plan de acción consistía en tratar de permanecer sintonizados a la poderosa ola de vida que nos permitía avanzar y en contratar a cualquiera que apareciese que pudiera ayudarnos. Pero por mucho que trabajáramos, daba la impresión de que la vida nos presentaba retos cada vez mayores.

Las llamadas inesperadas que recibí a mediados de los años ochenta son un perfecto ejemplo de cómo tuvo lugar nuestra milagrosa expansión. La primera de estas llamadas fue en la primavera de 1985 y procedía de una mujer que se presentó como la vicepresidenta de Empire Blue Cross Blue Shield. Empire actuaba en Nueva York y era uno de los mayores proveedores de seguros Blue Cross Blue Shield del país; estaba vendiendo un software de gestión clínica a los médicos de la zona para favorecer el uso de impresos electrónicos en las consultas. Si bien la empresa había desarrollado su propio sistema, este era de inferior calidad a The Medical Manager. Me sentí muy honrado cuando me informó de que su empresa deseaba retirar el suyo y comercializar The Medical Manager con marca blanca. ¿Podía haber algo mejor que aquello, que la aseguradora Blue Cross Blue Shield vendiera nuestro producto a sus médicos? Antes de que pudiera recuperar el aliento, contactó conmigo también Blue Cross Blue Shield de Nueva Jersey con la misma petición. Le siguieron Carolina del Sur, Georgia, Arizona, Hawái, Mississippi, Colorado y algunos otros estados, con lo cual esta compañía aseguradora acabó ofreciendo The Medical Manager a los médicos de esos estados. Consideré este hecho como una prueba evidente del poder de la rendición. Llevaba años dedicado a prescindir de mis preferencias personales y a centrarme en dar lo mejor de mí mismo ante lo que me presentara la vida. No había esperado nada a cambio y me sentía sumamente afortunado al ver las consecuencias de mi actitud.

Entre 1986 y 1988 Personalized Programming contaba con unos doce empleados, la mayor parte programadores. Si bien éramos una empresa minúscula, ganábamos millones de dólares al año solamente en cobros de cánones. Systems Plus se había dado cuenta enseguida del enorme potencial del sector médico y había abandonado la venta del resto de sus productos para centrarse exclusivamente en The Medical Manager. Como presidente de Personalized Programming, tenía que tratar con todas esas grandes compañías. No había trabajado nunca en ese ámbito, pero así como la vida me había entrenado sobre la marcha para ser constructor y programador, ahora estaba formándome para ser director ejecutivo. Ya había visto demasiado, sin embargo, para convertirme en un ejecutivo convencional. Albergaba la intención de dejarme guiar por el fluir de la vida también en el ámbito empresarial.

Un hecho recurrente a lo largo de mi andadura vital fue la aparición de la persona justa en el momento adecuado. Yo literalmente contaba con esa perfección y es sorprendente cómo ocurría una y otra vez. Incluso Rick Karl, nuestro abogado mercantilista, practicaba yoga y meditación. Era como si la vida estuviera rodeándome de personas con inquietudes espirituales tanto en el Templo como en mi negocio.

Los siguientes acontecimientos quizá ilustren el modo en que la vida se las ingeniaba para conseguir esta perfecta armonía. Todo comenzó cuando Systems Plus nos pidió que recibiéramos a un representante de una empresa de equipos de laboratorio que deseaba conocer a los creadores de The Medical Manager. Si bien era excepcional que Systems Plus mandara posibles clientes a nuestro bosque de Alachua, en este caso no había elección. Desde Systems Plus me habían recomendado encarecidamente que me pusiera chaqueta y zapatos de cordones, y que nos esmeráramos por dar una imagen profesional. Nuestro visitante se llamaba Paul Dobbins y contaba con un amplio currículum como analista técnico sénior y director de producto.

Rick Karl —nuestro presentable abogado— fue a buscarlo al aeropuerto de Gainesville. Cuando llegaron, Rick asomó la cabeza en mi oficina mostrando una sonrisa del tamaño de un gato Cheshire, seguido por nuestro distinguido huésped. Lo primero que advertí fue un ornamento que llevaba puesto alrededor del brazo que se parecía mucho a un brazalete muy especial que solía usar Yogananda. Y, efectivamente, Paul Dobbins era un seguidor de este maestro, había estudiado las lecciones y llevaba practicando kriya yoga muchos años. Si yo estaba asombrado, él se había quedado sin habla. Había viajado desde San Luis a un importante viaje de negocios para conocer al presidente de la empresa que había creado el mejor software de gestión clínica del país y al entrar en la oficina se encuentra con imágenes de Yogananda por todas partes.

Al principio no intercambiamos palabra alguna. Paul se sentó en el sofá para asimilar la belleza del momento; la energía de aquella habitación era digna de la presencia de un maestro. Yo era incapaz de mantener los ojos abiertos y Paul estaba visiblemente emocionado. Al cabo de un rato rompí el silencio para preguntarle si deseaba ver el templo. Caminamos a lo largo de la senda arbolada hasta llegar al camino de tierra que daba a aquel espacio sagrado decorado con imágenes de grandes maestros. Huelga decir que su visita distó mucho de ser un típico viaje de negocios.

Paul se quedó con nosotros el fin de semana y se alojó en una pequeña habitación de huéspedes de 3 × 3 m. Cuando llegó el lunes, no deseaba partir. Por lo visto, se había introducido en el mundo de la meditación por su cuenta y no tenía un entorno que compartiera sus inquietudes. Estaba impresionado por lo que hacíamos en el templo y la fuerza de nuestra comunidad espiritual. Así pues, tras el servicio del domingo me formuló la inevitable pregunta: «¿Puedo quedarme y trabajar para ti?». Aunque sentí en el fondo de mi corazón que Paul pertenecía a este lugar y que realmente deseaba ser parte del Templo y de la empresa, no me pareció correcto que dejara abruptamente la compañía que le había enviado, de modo que le sugerí esperar a ver cómo se desarrollaban los acontecimientos.

Al cabo de unos meses, me llamó muy nervioso y me contó que habían vendido su empresa sin previo aviso y que tanto su jefe como otros muchos empleados la dejaban. Él también iba a presentar su dimisión y deseaba poder seguir trabajando con

The Medical Manager de alguna manera. El mensaje de la vida era perfectamente claro: había llegado el momento de contratar a Paul.

Llegó en menos de una semana con parte de sus cosas y le permitimos quedarse en la habitación de invitados hasta que encontrara un alojamiento por los alrededores; pero cinco años después, Paul seguía viviendo en la diminuta habitación. Desconozco qué fue de sus pertenencias; lo que sí sé es que durante todo ese tiempo acudió a los servicios matinales y nocturnos del templo como un reloj.

Paul fue un empleado muy valioso para la compañía y apareció exactamente cuando más lo necesitábamos. Poco después de su incorporación se pusieron en contacto con nosotros los laboratorios más importantes del país mostrando interés en conectar sus ordenadores con The Medical Manager. Pues bien, Paul era un experto en el campo y, así, fuimos uno de los primeros sistemas de gestión clínica en implementar conectividad electrónica con los principales laboratorios. Sin Paul en nuestro equipo no nos hubiera salido todo tan bien. Cuando recuerdo cómo llegó hasta nosotros, me parece un regalo del universo. Veinte años después, Paul continuaría trabajando para la empresa, y todavía hoy vive en una casa cercana al Templo con su familia. Por lo que parece, algunas cosas simplemente han de suceder.

38
El Templo sigue creciendo

Las meditaciones matinales adquirieron un nuevo significado a medida que crecía la empresa. El yoga y la meditación no solo eran esenciales para continuar mi viaje interior, sino para una buena salud mental. No es tarea fácil dirigir una organización de la que depende el sustento de un gran número de personas. La mente necesita un espacio donde poder aquietarse y poner las cosas en perspectiva.

En invierno solemos encontrarnos los campos cubiertos de rocío después del servicio matinal. Los inmensos robles, pinos y nogales negros rodean el prado por tres lados, mientras que la parte norte se abre a unos hermosos pastos ondulados que llevan a un riachuelo rodeado de arboles. Presenciar semejante espectáculo con la mente en calma es una experiencia celestial.

Pero no ocurrió así una neblinosa mañana de principios de diciembre de 1988. Acabábamos de salir del espacio de quietud del templo cuando oímos un ruido de máquinas procedente del norte. Nos sorprendimos mucho al ver enormes buldóceres y taladoras en la finca de mi vecino. Preguntamos a unos trabajadores y nos contaron que habían comprado los derechos de explotación de la madera de todos los árboles de la propiedad. El terreno consistía en una granja de algo más de cuatrocientas hectáreas que pertenecía a Wilbur y Juliet, una pareja maravillosa cuya vivienda estaba situaba en el extremo de la finca más alejado del templo. Esas tierras habían sido de la familia durante generaciones y sentían un gran respeto por ellas; no entendíamos qué estaba sucediendo, así que decidimos llamarlos por teléfono.

Cuando contacté con Wilbur, me explicó que iban a talar lo que quedaba del bosque original para plantar pinos elioti, que podrían ser aprovechados dentro de quince o veinte años. Al conocer sus intenciones, le manifesté mi deseo de hablar con él al respecto y le pedí que aplazara la tala de árboles de la parte colindante al Templo hasta que tuviera lugar nuestro encuentro. Aunque se mostró algo indeciso, finalmente me pidió que le dijera al capataz que le telefoneara. La verdad es que no tenía ni idea de qué iba a contar a Wilbur cuando nos viéramos, pero sentí la obligación de hacer lo posible por proteger aquellos preciosos árboles.

Mientras conducía hacia la casa de mi vecino, me centré en permanecer abierto y receptivo a la experiencia para ver con claridad hacia dónde estaba dirigiéndola la vida. Echando la vista atrás, me siento profundamente agradecido de que mi rendición me haya enseñado a participar de buen grado de la danza de la existencia con la mente en calma y el corazón abierto.

Cuando llegué a casa de Wilbur descubrí que no tenía ninguna intención de vender las catorce hectáreas que se extendían entre nuestra propiedad y el riachuelo. Le señalé que aquellos árboles eran demasiado hermosos para desaparecer y, aunque él también valoraba su belleza, replicó que por encima de cualquier apreciación estética, él era dueño de una granja en la que se había decidido plantar pinos elioti. Todos mis esfuerzos por hacerle recapacitar fueron en vano hasta que le ofrecí arrendarle el terreno a un precio que le saliera más rentable que los pinos. Puesto que Wilbur era un astuto negociante, se mostró interesado por la propuesta: mientras que una plantación siempre suponía un cierto riesgo, un arrendamiento a largo plazo era un negocio seguro. Wilbur fijó una cantidad significativamente mayor de lo que hubiera pagado un granjero por el alquiler de una tierra no cultivada. De todos modos, si así conseguíamos proteger los bellos árboles y pastos de aquel terreno, el trato merecería la pena. Finalmente, firmamos un contrato de arrendamiento a largo plazo que nos permitía conservar, proteger y hacer uso de la parte de la propiedad que lindaba con el lado norte de nuestra finca, a la que en una ocasión yo había denominado Campos Elíseos.

Esta experiencia sirvió para reforzar una lección que estaba aprendiendo de mi experimento de rendición: lo que al principio parecía un auténtico desastre había acabado bien. Comprobaba una y otra vez que cuando me las arreglaba para hacer frente a los vientos que soplaban en la tormenta, acababan trayendo consigo una gran bendición. Estaba comenzando a considerar los momentos difíciles como precursores de una transformación.

Quizá los cambios se producen solamente cuando hay suficientes motivos para ir más allá de la inercia diaria; las situaciones que suponen un desafío crean la fuerza necesaria para producir modificaciones. El problema es que generalmente usamos la energía destinada a producir el cambio para resistirnos a este. Estaba aprendiendo a sentarme en silencio en medio de vientos huracanados a la espera de ver qué acción constructiva debía llevar a cabo.

Si ese hubiera sido el final de la historia respecto a aquel terreno, lo hubiera considerado igualmente un regalo del universo; pero no terminó ahí. Justo una semana después de haberlo arrendado, se puso a la venta otra finca que lindaba con la nuestra. Sorprendentemente, una vez que realizamos esa compra, el terreno arrendado bordeaba toda la parte norte de nuestra propiedad. Todo quedaba conectado.

Me maravillaba presenciar cómo se desarrollaban los acontecimientos. Participaba en un juego con la vida y, cada vez que esta movía ficha, una parte de mi ruidosa mente se desvanecía. ¿De qué servía «yo»? Todo estaba ocurriendo mucho mejor de lo que podría haber imaginado o realizado. Me había comprometido a comprar las propiedades contiguas al Templo siempre que se presentara la ocasión y pudiéramos permitirnos la adquisición. Ahora nuestra finca contaba con unas 34 hectáreas, incluyendo la tierra arrendada. Como pronto veremos, ese terreno estaba destinado a desempeñar un importante papel en nuestras vidas.

Además de la ampliación de nuestra propiedad y el espectacular éxito de la empresa, mi vida estaba repleta de pequeños milagros. Regularmente ocurrían cosas tan increíbles que iban minando, poco a poco, la mente racional. Uno de estos increíbles sucesos tuvo lugar durante un viaje de negocios a Boston a finales de los años ochenta. The Medical Manager estaba siendo comercializado con marca blanca por un gran número de compañías Blue Cross Blue Shields, y en esa ocasión Blue Cross Blue Shields Massachusetts me había convocado a una reunión. Llegué a Boston por la tarde y me sentía hambriento. Me había pasado la mañana de acá para allá y no había comido nada en todo el día. En lugar de picar cualquier cosa durante el viaje, me imaginé que después de registrarme en el hotel encontraría algún restaurante vegetariano agradable. Aunque no conocía Boston, disponía de un coche de alquiler, de modo que no me sería difícil dar con uno.

Lo cierto es que me perdí tratando de encontrar el restaurante que me había indicado el conserje. Después de buscarlo durante casi una hora acabé en Harvard Square. Di algunas vueltas por la zona, pero no vi nada. En una gran ciudad como Boston esperaba encontrar una comida vegetariana de lujo, pero a estas alturas me conformaba con un simple arroz integral con verduras. Así pues, resolví dejar de dar vueltas y pedir que me subieran algo de comer en el hotel, si conseguía encontrar el camino de vuelta. Sin embargo, volví a perderme y a acabar de nuevo en Harvard Square. Era demasiada coincidencia; tal vez el universo trataba de decirme algo, de modo que aparqué y comencé a caminar.

En esta ocasión presté más atención por si encontraba algún sitio donde sirvieran algún plato vegetariano. Había varias callejuelas estrechas entre los edificios que, si bien estaban vedadas al tráfico, contaban con un buen número de comercios. Me adentré por una y ¡quién lo iba a decir! A unos quince metros había una pequeña pizarra donde podía leerse: «menú especial del día: arroz integral con verduras frescas». Agaché la cabeza con alivio y gratitud. Pero pronto descubriría que ahí no quedaba todo.

La señal conducía a una escalera estrecha que bajaba hasta un pequeño restaurante, perfecto para mi estado de ánimo. Pedí el plato de arroz y mientras degustaba la maravillosa comida que me brindaba la vida me embargó una paz profunda. Pero algo estaba perturbando aquella calma: desde el momento en que había entrado en el local el cajero no dejaba de mirarme, lo cual me incomodaba un poco. Cuando acabé de comer, en vez del camarero, él mismo me trajo la cuenta. Mientras buscaba la cartera, me preguntó lo siguiente: «Por casualidad, ¿no serás Michael Singer, verdad?». Me quedé atónito recordando la secuencia de acontecimientos que me habían llevado hasta allí.

¿Qué estaba sucediendo? No conocía de nada a aquel hombre. Respondí afirmativamente y la energía entre nosotros se volvió intensamente espiritual. Añadió que, aunque no lo recordara, él sí se acordaba de mí. Por lo visto, en 1972, hacía más de dieciséis años, yo le había parado cuando estaba haciendo autostop en Gainesville. Estaba pasando por un período difícil y se interesó por la imagen de Yogananda que tenía en el salpicadero. Entonces le expliqué que estaba profundizando mucho en la práctica del yoga y que estaba estudiando las enseñanzas de ese gran maestro de yoga. Cuando llegó a Atlanta, pasó delante de una librería y vio aquella misma imagen de Yogananda en el escaparate; así pues, entró y compró un ejemplar de *Autobiografía de un yogui,* tal como yo le había recomendado. Según parece, el libro cambió su vida. Acabó conociendo a Baba durante su gira mundial y por aquel entonces residía en un centro de yoga de Boston. También agregó que a menudo se había preguntado si yo habría tenido oportunidad de conocer a Baba, y le produjo una gran alegría verme en una foto en la que salía junto a este maestro en Disneylandia; solía orar para que algún día se presentara la oportunidad de darme las gracias personalmente por el importante papel que había desempeñado en su despertar. Y ese día se había producido el milagro: su oración había sido escuchada; se colocó delante de mí y con los ojos bañados en lágrimas susurró: «Gracias». Dicho esto, dio media vuelta y se marchó.

Mientras me dirigía al coche por la callejuela, volví a mirar la pizarra que me había atraído hacia ese suceso increíble. Recordé que antes de entrar en el restaurante pensé que sabía lo que estaba sucediendo: una secuencia de interesantes acontecimientos me había conducido hasta un plato de arroz con verduras; pero estaba equivocado, era mucho más que eso. La vida siempre es mucho más de lo que creemos. Sentía un inmenso gozo por haber decidido dedicar mi vida a aprender a rendirme. No alcanzaba a comprender qué estaba pasando y había llegado al punto de no querer saberlo siquiera. Solo deseaba dejar de interferir con la perfección de la vida. Al parecer, incluso un viaje de negocios a Boston es un buen escenario para los milagros.

Parte VII
Cuando las nubes oscuras se tornan en arcoíris

39
Un toque de magia

MI SIGNO ASTRAL ES TAURO Y, COMO TAL, desarrollar una disciplina de trabajo es una tendencia natural en mí. No soy el tipo de persona que necesite un toque de novedad en su vida. Me agradaba llevar un estilo de vida estable y el crecimiento gradual y sostenible. Me parecía que las etapas naturales de expansión que habían atravesado tanto la empresa como el Templo marcarían el inicio de una época de estabilidad.

A principios de los noventa realmente pensaba que la fase de rápida expansión había concluido. Personalized Programming marchaba de maravilla: la plantilla estaba formada por veinte personas y registrábamos un beneficio neto de unos cuantos millones de dólares. Yo seguía llevando el mismo estilo de vida de siempre, de modo que empleaba el dinero para crear un legado para el Templo, así como para apoyar diversas organizaciones de beneficencia. En aquella época, Barb vivía en mi casa y yo en una pequeña habitación de invitados situada en el edificio que albergaba el comedor del Templo. De allí mismo salía una larga pasarela de madera que cruzaba una zona de humedales y llegaba hasta la oficina de Personalized Programming. Ese era mi trayecto hasta el trabajo. Los miembros de la comunidad trabajábamos intensamente y asistíamos a los servicios matinales y nocturnos. Por otro lado, solía venir gente de Gainesville a las charlas que impartía los lunes y jueves por la noche, y los domingos por la mañana la asistencia era masiva. Todo iba sobre ruedas y creía que el período de crecimiento desmesurado era cosa del pasado; pero, por lo visto, estaba equivocado.

Para comprender la siguiente fase de crecimiento, es importante tener presente lo que ocurría en mi interior en aquel tiempo. Todos los sucesos que se habían manifestado hasta entonces a raíz de mi experimento de rendición me habían revelado que cuanto más me distanciaba del ruido creado por mis preferencias y aversiones, más aumentaba mi capacidad de detectar sutiles sincronías en las situaciones que se me presentaban. Estas coincidencias inesperadas eran como mensajes de la vida que me empujaban suavemente en la dirección correcta. Por mi parte, prestaba atención a esas sutiles señales, en lugar de a las menos etéreas reacciones mentales y emocionales causadas por mis preferencias personales. Ese era el modo en que practicaba la rendición en la vida cotidiana, y el propósito de esta historia es compartir contigo la perfección de tal aventura.

En lo que se refiere a las tierras pertenecientes al Templo, como he señalado antes, aunque no tenía interés alguno en ser propietario de grandes extensiones de terreno, con los años el área del Templo acabó siendo enorme, y cada adquisición presentaba un componente mágico. Por ejemplo, en octubre de 1990 recibí una llamada con relación a un trozo de terreno que habían puesto a la venta en la zona. El agente me explicó que se trataba de una finca de unas 34 hectáreas que incluía bosques y prados, y estaba considerada como uno de los terrenos más hermosos del condado de Alachua. Le contesté que lo más probable era que no nos interesara, ya que solo estábamos adquiriendo propiedades que bordearan el Templo. Sin embargo, el agente insistió en llevarme a verlo, y cuál no sería nuestra sorpresa cuando descubrimos que este bellísimo terreno, en realidad, lindaba con la finca que teníamos arrendada. Fue una señal suficientemente clara para mí. La compra tuvo lugar casi por sí sola, sin apenas esfuerzo por mi parte.

Consideré aquella tierra como un regalo del universo que nos llegó de manera absolutamente inesperada; la verdad es que la perfección con que encajaban los terrenos —como piezas de un rompecabezas— me dejaba sin habla. Al cabo de tres meses, el golfista Tom Jenkins me llamó para informarme de que se mudaban y resultó que la nueva finca rodeaba gran parte de su propiedad. Eso significaba que el Templo sería propietario de alrededor de 69 hectáreas de terrenos anexos. No podría habernos salido tan bien si lo hubiéramos comprado todo junto desde el principio. Era como si cada finca estuviera esperando hasta que pudiéramos permitirnos su compra. Y si bien la perfección del curso de los acontecimientos era asombrosa, aún no habíamos visto todo.

Tras la compra de la propiedad de los Jenkins, Radha se mudó a esta residencia. Por aquel entonces, recuerdo que me comentó que me merecía un lugar mejor que la pequeña habitación donde residía. Por un lado, se trataba de un espacio minúsculo y, por otro, apenas tenía intimidad, porque la gente entraba y salía del edificio principal día y noche. Le respondí que estaba bien y que me agradaba dejar que el fluir de la vida se ocupara de que las cosas sucedieran, a lo que ella replicó que la vida nos había concedido abundantes tierras y suficiente dinero como para poder permitírmelo. ¿Estaba esperando a que el universo me telefoneara un día y me pidiera que me construyera una casa? Le contesté que si había de tener una vivienda, llegaría una clara señal al respecto y, mientras tanto, me encontraba a gusto donde estaba.

Pues bien, solamente dos semanas después me llamó un vecino para comunicarme que estaba a punto de poner su hogar a la venta. El terreno que separaba su finca de mi propiedad original de dos hectáreas había sido adquirido por el Templo hacía años, lo cual significaba que su tierra lindaba con la nuestra. A raíz de la conversación que había mantenido con Radha hacía poco, presté especial atención a la propuesta. Mi vecino me contó que se había pasado muchos años construyendo una vivienda muy especial y que estaría encantado de enseñármela. Aunque mantuve el tipo por teléfono, sentía escalofríos —literalmente— al presentir lo que estaba a punto de suceder. Telefoneé a Radha y le pedí que me acompañara a ver el lugar por si resultaba ser la llamada del universo relativa a mi casa.

Cuando atravesamos la larga y serpenteante entrada, vimos un precioso chalé en la parte posterior de la finca. Me dio la impresión de que, en efecto, se trataba de una vivienda muy especial. Resultó que mi vecino era carpintero de barcos y se había pasado doce años haciéndose la casa con la misma dedicación que se construyen algunos yates o veleros de lujo.

Era un chalet de alrededor de 165 m² situado en un terreno de cinco hectáreas tan bien cuidado que parecía un parque. Cuando eché un vistazo al interior, me di cuenta de que no habría conseguido diseñar un lugar tan perfecto para mí aunque me lo hubiera propuesto. Aunque cada detalle de la vivienda era único, había algo mágico en el pequeño tercer piso situado encima de la cocina. Al subir por las empinadas escaleras abiertas sentí que ascendía por una casa-árbol, y al entrar me encontré con una sala sencillamente perfecta para meditar. El piso de arriba consistía en un espacio de 3 × 3,5 m trabajado artesanalmente centímetro a centímetro. Las cuatro paredes presentaban ventanas emplomadas antiguas rescatadas de la demolición de una casa centenaria que había sido propiedad de un almirante de Boston. El resultado era tan exquisito que te sentías transportado al siglo dieciocho. Por si fuera poco, al mirar hacia arriba, advertí que estaba cubierto con una cúpula. Las vigas expuestas formaban un elevado pico en el centro de la habitación que te hacía sentir como en el interior de una pirámide. El espacio era tan exquisito que la mente se aquietaba solo por el hecho de estar allí.

No hace falta decir que adquirí la vivienda, la cual ha sido mi hogar desde entonces. La forma mágica en la que fueron uniéndose los terrenos llegó a su punto culminante con esta última compra. Aunque mi vecino siempre había accedido por la entrada frontal, no tardamos en darnos cuenta de que la parte trasera de la finca lindaba con el terreno que habíamos alquilado a Wilbur. Una vez talamos algunos árboles para hacer un claro detrás de la casa, fue posible conducir o caminar hasta el templo sin salir de la propiedad. Sorprendentemente, este terreno unificaba a la perfección todas las fincas que habíamos adquirido durante los últimos veinte años en un terreno continuo. Nadie lo había planeado, simplemente sucedió de ese modo. Decir que estaba maravillado por lo que la vida acababa de ofrecerme sería quedarme bastante corto.

Construí una pasarela de madera que conectaba mi nueva casa con la pasarela ya existente, lo que se convirtió en mi trayecto diario para ir al trabajo. Algún tiempo después, Mataji vino de visita y le mostré mi nuevo hogar. Al verlo, comentó con su suave voz: «Así que Dios te llamó un día y te anunció: "Mickey, tu casa está lista"». Creo que esta frase resume a la perfección lo que ocurrió.

*La vida me llama un día por teléfono y me dice:
«Mickey, tu casa está lista».*

*El trayecto que hacía para ir a trabajar:
verdaderamente extraordinario.*

40
El funesto mensajero del cambio

ME INSTALÉ EN MI NUEVO HOGAR EN LA PRIMAVERA de 1991 y me parecía estar viviendo un sueño. Estaba satisfecho en todos los sentidos: con mi familia, con mi trabajo y con la comunidad del Templo. La perfección que me rodeaba suponía un verdadero desafío a la mente racional. Y era bien consciente de que nunca había pedido nada de eso: mi existencia estaba en manos del fluir de la vida.

Recuerdo el momento exacto en que comenzaron a soplar los vientos que anunciaban la siguiente fase de cambio. Si bien por entonces no entendía lo que se avecinaba, al menos sabía lo suficiente como para aceptarlo. Había aprendido repetidas veces que no importaba si comprendía o no lo que estaba sucediendo; bastaba con entregarme al momento presente y confiar en que el fluir de la vida sabía lo que estaba haciendo. La serie de acontecimientos que tuvieron lugar fueron tan milagrosos que consiguieron liberarme para siempre de toda una capa de mi mente personal. Si la vida podía producir semejantes sucesos, ¿cómo no rendirme totalmente a su perfección?

Pero antes de comenzar a relatar esta parte de la historia he de confesar que no soy capaz de predecir el futuro. No había modo de que supiera que para poder mantener el ritmo de crecimiento al que estaba destinado Personalized Programming no sería suficiente con doblar, o incluso triplicar, el número de trabajadores de entonces —que ya ascendía a veinticinco—, sino que iba a necesitar más de trescientos empleados. Es más, jamás hubiera imaginado que la necesidad de espacio de oficinas iba a aumentar de 400 m² a más de 7.895 m² para poder hacer frente a lo que se aproximaba. Si alguien hubiera tratado de contarme todo esto entonces, ¡hubiera pensado que estaba completamente loco! Para un crecimiento de tal magnitud era necesaria una planificación previa, y, por lo visto, la había, solo que no partía de mí.

La increíble historia de cómo la perfección de la vida impulsó nuestra futura expansión comenzó un viernes por la tarde cuando un inspector de urbanismo apareció sin avisar en la oficina. Pareció muy sorprendido de que hubiera una empresa en medio del bosque y me pidió que llamara a su jefe —el director de urbanismo del condado— inmediatamente. La verdad es que la visita no parecía augurar nada bueno.

Ya conocía al director de urbanismo por mi trabajo en Built with Love. Le llamé y tras las consabidas cortesías me explicó que, aunque nuestra empresa no recibía visitas de clientes, nos hallábamos en un área donde no estaba permitido llevar a cabo una actividad comercial. Le propuse varias soluciones, como modificar la clasificación urbanística del terreno u obtener un permiso excepcional; pero todo resultó inútil: seguía manteniendo una postura férrea sobre el asunto, y añadió que, debido al ordenamiento territorial del estado, aunque mi padre fuera el presidente de Estados Unidos y tuviera millones de dólares para gastar en el intento, no podría obtener la autorización para el desarrollo de una actividad comercial en ninguna parte de mi propiedad.

Si nos obligaba a cerrar, estaría metido en un buen lío, de modo que traté de salvar la situación. Le dije que comprendía y respetaba su postura, y le pregunté qué me aconsejaba hacer. Me recomendó buscar un terreno por la carretera principal, ya que se trataba de la zona más cercana a nuestra propiedad en la que estaba permitido el desarrollo de actividades de carácter comercial. El alma se me cayó a los pies, porque me daba cuenta de que ese pequeño pedazo de cielo que había sido construido de forma natural a lo largo de los años estaba a punto de cambiar. La carretera a la que se refería estaba a por lo menos cinco kilómetros de distancia del Templo y los terrenos disponibles probablemente estarían aún más alejados.

Respiré hondo, alcé la barbilla y le di mi palabra de que me encargaría de solventar el problema; asimismo, le pedí que me diera un plazo razonable para encontrar un solar y mudarnos. Aunque no me prometió nada, me dijo que volvería a ponerse en contacto para confirmar que habíamos tomado las medidas solicitadas.

Así es como la vida se las ingenió, de un modo poco sutil, para impulsarme a buscar otra ubicación para la empresa. Después de colgar, me dirigí a la oficina de Rick Karl para que me asesorara legalmente. Rick me confirmó que, en efecto, al estar en medio de una zona agrícola, no había justificación legal para cambiar la clasificación del suelo y poder tener un pequeño negocio, de modo que contactamos con una agencia inmobiliaria para empezar a buscar una nueva ubicación que estuviera lo más cerca posible. Aunque no deseaba trasladar la empresa fuera de la propiedad del Templo, mi experimento de rendición implicaba que había de permanecer abierto para ver hacia dónde me dirigía el fluir de la vida. Pero iban transcurriendo los meses y no aparecía nada. Cuanto más tiempo pasaba, más aumentaba el riesgo de que nos cerraran la empresa. Sin embargo, esperé pacientemente a que la vida moviera ficha.

En septiembre de ese año la vida lanzó la siguiente señal. Nos telefoneó la persona que nos había vendido un precioso terreno de 34 hectáreas el año anterior para informarnos de que deseaba vender las veinte hectáreas contiguas, que llegaban hasta la carretera. Dado que encajaba a la perfección con nuestra propiedad, decidimos seguir adelante y lo compramos. No podíamos imaginar que esa adquisición acabaría relacionada con la búsqueda de un terreno apto para Personalized Programming. Simplemente hacíamos frente a las situaciones que nos presentaba la vida.

Al cabo de unos meses surgió otra cuestión relacionada con las propiedades. Por lo visto, alguien había planeado construir un vertedero de 75 hectáreas para residuos de la construcción justo al otro lado de la calle, enfrente de la finca de veinte hectáreas que el Templo acababa de comprar. Tras investigar sobre el asunto, nos quedamos de piedra al comprobar que era cierto: aquel terreno había sido anexionado a Alachua hacía años y ya no se hallaba bajo la legislación urbanística del condado. La finca había sido propiedad de un destacado concejal de la ciudad y la había vendido recientemente para convertirla en un vertedero. Estaba previsto que durante los veinte años siguientes cien camiones volquete transitarían por nuestro camino los siete días de la semana y descargarían escombros en un terreno colindante con nuestra finca y las de nuestros vecinos. ¡Vaya con el fluir de la vida! Se suponía que nos conducía hacia un futuro mejor…

El vecindario estaba alborotado. Puesto que el Templo era el mayor propietario de la zona, la gente comenzó a consultarnos qué podíamos hacer. Al indagar más sobre el asunto descubrimos que la Ciudad de Alachua tenía autoridad para conceder un permiso especial para la construcción de un vertedero si los concejales así lo establecían. No teníamos más remedio que centrarnos en el problema, en detrimento de la búsqueda de una nueva ubicación para nuestras oficinas.

Resolvimos que lo mejor era escribir una carta informando a los ciudadanos de Alachua de que, debido a la inexistencia de un plan integral de gestión de residuos en la ciudad, podía construirse un vertedero en cualquier sitio, incluso en cualquier solar vacío al lado de sus viviendas. Nuestro objetivo era impulsar la aprobación de un plan de gestión de residuos, en lugar de dar permisos de usos especiales arbitrariamente, como estaba a punto de ocurrir.

Aunque no lo creas, nuestra estrategia funcionó. La noche en que los concejales se reunieron para debatir el tema, el ayuntamiento estaba atestado de gente de pie. Antes de anunciar el comienzo de la reunión, el alcalde se levantó e informó a todo el mundo de que no había motivos para preocuparse, porque la concesión de permisos de usos especiales no iba a someterse a votación ni aquella noche ni ninguna otra hasta que no se aprobara un plan integral de gestión de residuos.

No sospechábamos que detrás de nuestra victoria con respecto al vertedero estaba la mano milagrosa de la vida ocupándose de encontrar una ubicación para Personalized Programming. Al cabo de unos días nos llamaron para informarnos de que, con motivo del cese del proyecto del vertedero, aquella propiedad de 75 hectáreas se había puesto a la venta a un precio muy razonable. Puesto que la finca pertenecía a la Ciudad de Alachua, nos dijeron que sería posible cambiar la clasificación para permitir el desarrollo de una actividad comercial. Nunca olvidaré el rostro de Rick cuando entró en mi oficina para contarme su conversación con el agente inmobiliario. Lo imposible había ocurrido: el fluir de la vida había originado una llamada telefónica en la que se nos informaba de que, en lugar del vertedero, podíamos instalar la empresa a ese terreno. Rick y yo nos quedamos sentados en silencio durante un rato. La energía de gracia y asombro que había en la habitación era tan intensa que ambos nos sentíamos incapaces de movernos o de pronunciar palabra alguna.

Considera los sucesos que Rick y yo habíamos presenciado durante los últimos seis meses. Primero, la vida me había anunciado en términos inequívocos que debíamos dejar las oficinas del Templo y encontrar una nueva ubicación para la empresa. Cuando traté de acatar la orden, nada encajaba, y después, como caído del cielo, nos ofrecieron un terreno que acabaría conectando el Templo con la finca adonde se trasladaría la empresa en el futuro, sin que acertáramos a adivinar qué estaba sucediendo. A continuación, el fluir de la vida atrajo una situación aparentemente terrible, ya que alguien se disponía a construir un vertedero en un terreno limítrofe con nuestra propiedad. Pero lo que realmente ocurría era que la vida estaba preparando el escenario para otorgarnos un gran regalo: el terreno perfecto para el futuro de Personalized Programming. Se trataba de una finca contigua al Templo en la que era posible cambiar la clasificación urbanística para poder ejercer una actividad comercial, cuando se nos había dicho previamente que eso no era posible. Y no olvidemos que todo esto aconteció cuando solamente tenía veinticinco empleados y no podía saber de ninguna manera que podría necesitar ese cambio, aunque, por lo visto, la vida sí lo sabía y se ocupó magníficamente bien de nosotros. Así pues, Personalized Programming por fin podía desarrollar su actividad en una propiedad vecina al Templo. Había llegado la hora de empezar la construcción.

Con un terreno de tales dimensiones adquirido de forma tan milagrosa, me vi forzado a replantearme el tamaño del nuevo edificio de oficinas. Lo ideal sería algo lo suficientemente grande como para no tener que volver a construir. Así pues, diseñamos un precioso edificio de 1.347 m², digno de una compañía tan exitosa como la nuestra. Built with Love —la cual había vendido hacía muchos años a uno de mis capataces— se encargó de la obra, y quedó una construcción bellísima. En junio de 1993 el personal de Personalized Programming nos mudamos a nuestra nueva sede. De un edificio de 400 m² pasamos a otro de 1.347 m²; al menos no tendríamos que volver a construir nunca más.

Aunque parezca mentira, no fue eso lo que sucedió, pues al año siguiente el número de empleados de la empresa ya era más del doble y nos vimos obligados a iniciar la planificación de otro edificio. El edificio 2 era aún más grande que el 1 y se comunicaba con este a través de un pasaje cubierto. En este sentido, fue muy positivo que la vida nos concediera suficiente terreno para gestionar esta expansión inesperada. Finalmente, acabamos teniendo cinco edificios, con más de 7.895 m² de oficinas de alta tecnología. Hasta la fecha sigo asombrado de cómo la perfección de la vida nos dio exactamente lo que necesitábamos, justo en el momento adecuado.

Personalized Programming en 1993. Aunque pareciera imposible, la vida manifestó este precioso edificio de oficinas en uno de los extremos de la propiedad del Templo. ¡Cuántos asombrosos acontecimientos!

Instalación I + D de Medical Manager Corporation en 2003. Los planes de la vida contemplaban una expansión inimaginable: de una sola oficina pasamos a ser un parque empresarial con cinco edificios.

41
Asentar las bases del futuro

La expansión de Personalized Programming fue asombrosa, y con ella llegaron los problemas asociados al crecimiento acelerado de una empresa tecnológica. Dirigir de diez a veinte personas es una cosa, pero llevar a cincuenta y cinco es otra bien distinta. En un momento dado has de delegar responsabilidades y contratar a alguien simplemente para poder coordinar a los trabajadores. Traté de evitar en la medida de lo posible crear mandos intermedios y procuré potenciar la autogestión de los equipos de trabajo que contaban con mi asesoramiento constante. Puesto que habíamos empezado de cero y se habían ido muy pocos empleados, los conocimientos técnicos e industriales de nuestro equipo de programadores eran fuera de lo común. Con el veinticinco por ciento de los médicos independientes de Estados Unidos utilizando The Medical Manager, la industria de la gestión clínica prosperaba en Alachua, Florida. No habíamos de decidir qué dirección tomar; éramos surfistas montados sobre la poderosa ola de las demandas del sector clínico. Teníamos tanto trabajo que no dábamos abasto.

A finales de 1994, empecé a darme cuenta de que yo solo no iba a poder dirigir los grupos de programación y ocuparme de todos los aspectos financieros y administrativos de un negocio multimillonario, así como de preparar el terreno para la siguiente fase de crecimiento. Necesitaba ayuda experta, de modo que hice lo que solía: seguí trabajando con mayor intensidad y esperé a que el fluir de la vida diera alguna señal.

Conocí a Tim Staley con ese telón de fondo. Tim era un desarrollador de software y consultor de TI que se había ido a vivir al campo con su familia. Habían decidido establecer su nuevo hogar en la pequeña ciudad de High Springs, a tan solo unos kilómetros de Alachua en dirección norte. Si eres informático y te trasladas a un lugar cercano, necesariamente vas a oír hablar de Personalized Programming. Así pues, Tim solicitó un puesto de trabajo en nuestra empresa, como cualquier otro desarrollador hubiera hecho. Pero Tim no era un informático más, sino un verdadero milagro. Al igual que tantas otras cosas que habían aparecido en el instante preciso, la vida me ofreció un desarrollador/ejecutivo de TI altamente cualificado y con gran experiencia. No solo era la solución para los problemas que estábamos teniendo relativos al desarrollo de software, sino que acabó resolviendo un problema mucho mayor que no había aparecido todavía.

Recuerdo la primera vez que lo vi. Tenía prisa por encontrar un empleo por la zona para poder mudarse antes de que los niños comenzaran el curso. Tras leer su currículum, accedí a que recursos humanos le citara en sábado para que no faltara al trabajo. Era un hombre joven de aspecto aseado y correcto, y portaba una Biblia en la mano derecha. Se trataba de un objeto poco corriente en una entrevista de trabajo, pero Tim era claramente un cristiano muy comprometido y deseaba que yo lo supiera. Aunque eso no me suponía ningún problema, no estaba seguro de que él se fuera a sentir cómodo con un yogui de coleta y sandalias como jefe.

Subimos a mi oficina y entablamos conversación para conocernos mejor. Tim era una verdadera lumbrera. Había trabajado durante años en Harris Corporation escribiendo código para sistemas de guía de misiles. Me di cuenta en el acto de que era sumamente inteligente. Había trabajado como desarrollador, jefe de equipo y gestor de proyecto. Tanto su trayectoria profesional como sus habilidades sociales eran tan sobresalientes que por entonces trabajaba como consultor sénior para Texas Instruments, implementando grandes proyectos para diversos clientes. Curiosamente, en aquel momento estaba desarrollando un proyecto de gran importancia para la compañía Blue Cross Blue Shield de Florida.

Nuestros planteamientos sobre la filosofía del desarrollo informático diferían tanto como nuestros atuendos. Mientras que yo consideraba el desarrollo de software como un arte creativo, él lo veía como un proyecto de ingeniería. Lo cierto es que yo era consciente de que un programa debía incorporar ambos componentes para tener éxito a largo plazo. Tim puso claramente sobre la mesa la disciplina experiencial de un ingeniero de software sénior de una compañía tecnológica integrante de la lista Fortune 500.

Pasamos varias horas juntos y congeniamos muy bien. Encajaba perfectamente en el perfil que necesitábamos para Personalized Programming tanto en el ámbito profesional como en el humano. Pero todavía quedaba un punto por resolver. Si Tim iba a considerar en serio su incorporación a nuestra empresa, necesitaba asegurarme de que iba a sentirse cómodo conmigo y con mi mundo: tarde o temprano oiría hablar del templo de enfrente. Así pues, resolví que lo mejor era llevarle hasta allí para enseñárselo.

Me sorprendió mucho lo abierto que se mostró Tim con el templo. Estaba fascinado por los objetos pertenecientes a diversas religiones y planteó interesantes preguntas sobre el yoga y la meditación. Resultó que Tim era mucho más que una persona religiosa: era profundamente espiritual y amaba a Dios de verdad. En lugar de ofenderse por mi forma de vivir la espiritualidad, se sintió muy inspirado por ella. Ese día se creó entre nosotros un intenso vínculo espiritual y ambos tuvimos ocasión de compartir nuestras experiencias y creencias espirituales. Los lazos de amistad que surgieron entre nosotros fueron fortaleciéndose cada vez más durante los diez años que trabajamos juntos. Al parecer, la vida se había superado a sí misma de nuevo.

Al final contraté a Tim y decidimos que entraría discretamente como desarrollador, en lugar de como directivo. Deseaba trabajar directamente con los otros empleados para familiarizarse con los entornos de programación de primera mano. Acordamos que al cabo de unos cuantos meses comenzaría a reorganizar y hacerse cargo de los equipos de desarrollo. Yo seguiría ocupándome de la dirección del producto y él de la ingeniería. Estaba impaciente por averiguar de cuánto trabajo podría hacerse cargo.

The Medical Manager ya tenía quince años cuando Tim empezó a trabajar con él. Si bien había sido diseñado para pequeñas consultas, por entonces ya se usaba para gestionar tanto grandes clínicas como empresas que ofrecían planes de salud. Con frecuencia nuestros mayores distribuidores instalaban sistemas que daban servicio a cientos de usuarios. Si seguíamos creciendo de esa manera, las capacidades técnicas del software acabarían quedándose obsoletas. Además, nuestros clientes empezaban a pedirnos una modernización del producto en su conjunto. A menos que hiciéramos algo, la compañía tenía los días contados. Si deseábamos sentar unas bases sólidas para el futuro, habríamos de reescribir el producto por completo.

Se trataba de una decisión valiente, ya que iba a suponer un gasto enorme, además de poner en riesgo el fruto de tantos años de inversión en recursos de desarrollo, y millones de dólares. Mientras reflexionaba sobre la magnitud del proyecto que teníamos por delante, de pronto caí en la cuenta: ese era el verdadero motivo por el que Tim había sido enviado a trabajar con nosotros. Él sería el responsable de convertir The Medical Manager en un producto totalmente diferente que incorporase la tecnología más avanzada.

No podíamos permitirnos detener el rápido ritmo de desarrollo del sistema existente, de modo que le di luz verde para contratar un equipo de desarrollo adicional que se ocupara de crear el nuevo producto, que iba a denominarse Intergy. Realmente era positivo que estuviéramos levantando más edificios, pues íbamos a necesitarlos. Deposité toda mi confianza en Tim y le proporcioné todo lo que solicitaba sin pensarlo dos veces. Nos llevó cerca de cinco años lanzar el nuevo producto, pero una vez concluido, teníamos un sistema competitivo que nos mantendría en el mercado durante muchos años. Mirando atrás, es obvio que no habríamos obtenido semejante éxito si Tim no hubiera aparecido exactamente cuando lo hizo. ¿Cómo podía repetirse el mismo fenómeno una y otra vez?

42
Mientras tanto, en el rancho

Había tanto por hacer en Personalized Programming que prácticamente me pasaba el día trabajando, con la excepción de los dos servicios diarios en el templo. La comunidad era tan estable que no solía restarme tiempo de trabajo. Radha se las arreglaba para gestionar las finanzas del Templo, a pesar de que su puesto de directora financiera en Personalized Programming la mantenía ocupada día y noche. En medio de esta transformación, estaba a punto de haber novedades en nuestra comunidad.

A finales de 1994 Amrit tuvo una seria discusión con sus seguidores. Como suele ocurrir con tantos seres humanos a los que ponemos en un pedestal, salió a la luz que había tenido una conducta inapropiada en el pasado y la situación se hizo insostenible para todos. Cuando me enteré de que Amrit había dejado la comunidad, los invité a él y a su mujer a pasar una estancia tranquila viviendo con nosotros en el Templo. La amistad resulta sencilla cuando todo va bien, pero estar ahí en los tiempos difíciles precisa de una sólida amistad. Todos nosotros habíamos recibido mucho de Amrit durante años y nos sentíamos afortunados de tener la oportunidad de darle algo a cambio.

En esa época Radha llevaba viviendo varios años en la antigua casa de los Jenkins. Dado que se trataba de la residencia más bonita de la finca, la ofreció de inmediato a nuestros visitantes. Así pues, en diciembre de 1994, Amrit y su mujer se trasladaron a esa casa, donde permanecieron casi tres años. Fue una experiencia increíble estar tan cerca de un ser humano tan evolucionado mientras vivía una experiencia que estaba cambiando su vida. Durante su estancia en la comunidad, Amrit dejó que la situación le llevara a atravesar los cambios que fueran necesarios. Esta clase de circunstancias son tan potentes como el fuego, y Amrit deseaba usar ese fuego para una purificación espiritual. No se sentía apesadumbrado, herido o asustado, tan solo absolutamente dispuesto a afrontar la situación. Me veía reflejado en esa actitud: cuando las cosas llegan a un punto crítico, hago lo que haga falta en aras de liberarme de mi yo personal. La única oración que tiene sentido en tales momentos es que el fuego ardiente sea tan destructivo que logre romper la cuerda que te mantiene atado. Como amigos íntimos, Amrit y yo compartíamos un mismo propósito: el de liberarnos a toda costa.

No me mantuve apartado del proceso que vivía Amrit. Deseaba explorar con él cómo experimentaría el hecho de quedarme sin nada en lo externo. Recordé la sabiduría del rey Salomón: «Existe una estación para todo, un tiempo para cada propósito bajo el cielo». Me sentía honrado por haber conocido a Amrit como un maestro de renombre mundial, y aún más honrado me sentía por estar cerca de él mientras atravesaba un período de gran oscuridad, o mejor expresado, mientras un período de gran oscuridad lo atravesaba a él. Jamás se quejó y nunca se mostró abatido. Simplemente se rendía de un modo más profundo cada día. La realidad era la que era; ¿por qué no utilizar la situación para despojarse del yo personal?

Como sucede siempre, con el transcurso del tiempo empezó a cambiar la energía; el ruido del pasado fue disminuyendo y se presentaron nuevas oportunidades. Un día Amrit me pidió que le acompañara a ver un lugar que había encontrado en el parque nacional de Ocala. Se hallaba en una pequeña ciudad, a menos de una hora y media del templo en dirección sur. No podía creer lo que veía cuando llegamos. Se trataba de una finca con una residencia enorme y bellísima situada en la orillas de un precioso lago, que contaba además con cinco o seis cabañas. Era el hogar perfecto para Amrit y su familia. Allí donde iba sentía a Amrit; lo conocía desde hacía años y sabía sus gustos. No hubiera sido posible hacerle una vivienda a medida tan perfecta como aquella. Hube de contener las lágrimas al darme cuenta de que era el final de una etapa: el período de oscuridad había concluido. Le animé a adquirir la propiedad si podía permitírselo; y cuando me dijo el precio, no podía creer lo que estaba escuchando: ¡era el negocio del siglo!

Aprendí mucho sobre la rendición estando junto a Amrit durante esa dura prueba. Me di cuenta de que, al margen de quiénes seamos, la vida nos va a presentar los desafíos que necesitemos afrontar. La pregunta es: ¿estás dispuesto a aprovechar la situación para tu transformación? Comprendí que incluso las experiencias más intensas no tienen que dejar cicatrices necesariamente si estamos dispuestos a asimilar los cambios en un nivel más profundo. Mi experimento de rendición me había enseñado a honrar sinceramente el poder transformador de la vida. Compartir con Amrit esa difícil etapa resultó crucial, ya que mi vida estaba a punto de atravesar cambios importantes e inesperados.

Parte VIII
Abrazar la expansión fulminante

43
The Medical Manager despliega sus alas

Si me hubieras preguntado en 1995 cómo veía el futuro de Personalized Programming, te habría respondido que ya habíamos crecido tanto como era posible y que el reto que teníamos por delante era mantenernos a la cabeza del mercado. Si además te hubieras interesado por mi experimento de rendición, te habría explicado que la incesante práctica de soltar mis preferencias para poder abrazar plenamente lo que me presentaba la vida estaba ejerciendo un profundo efecto en mi desarrollo espiritual. De hecho, se había convertido en mi forma de vida. Había comprobado, una y otra vez, que este ejercicio de liberación no solo producía resultados asombrosos, sino que, además, me suscitaba un estado de profunda paz interior. Yo no controlaba los acontecimientos, era la vida la que llevaba las riendas, y ello me producía una sensación latente de entusiasmo y excitación respecto a lo que me deparaba el destino. Al fin y al cabo, lo sucedido hasta el momento era sencillamente increíble.

Hacia finales de 1995 Personalized Programming contaba con setenta y cinco empleados y tenía suficiente trabajo para mantenernos ocupados durante mucho tiempo. Me encantaba lo que hacíamos y no cabía duda de que se nos daba muy bien. Los ingresos de la empresa ascendían a diez millones de dólares al año y, puesto que la mayor parte procedía del pago de cánones, obteníamos beneficios de entre cinco y seis millones de dólares anuales. The Medical Manager contaba ya con más de quince años por entonces y había tenido repercusión en las vidas de cientos de miles de personas. Desde mi limitado punto de vista, creía que seguiríamos por ese camino en el futuro inmediato.

La primera pista de que un cambio drástico se asomaba de nuevo en el horizonte llegó cuando me enteré de que Systems Plus y muchas otras distribuidoras estaban barajando la posibilidad de fusionarse. Por lo visto, pensaban que ese paso les ayudaría a ser más competitivas en el ámbito nacional. Poco después, recibí la visita de John Kang —uno de nuestros mayores distribuidores, cuya oficina central estaba ubicada en Tampa—, en la que me informó de que había estado trabajando en una propuesta para fusionar las distribuidoras de The Medical Manager en una empresa combinada. Su plan consistía en una compra inicial de Personalized Programming, Systems Plus y tres o cuatro de los distribuidores más importantes. El proyecto requeriría una inversión considerable, pero ya había solventado ese punto. A pesar de que su exposición fue sumamente profesional, yo no veía por qué Personalized Programming había de implicarse en el asunto. Así pues, le señalé que estaría encantado de adquirir un compromiso legal en lo relativo al suministro de nuestro producto a la nueva compañía. Entonces me dio la alarmante noticia: los inversores insistirían en que el software de base fuera de la propia empresa.

Si bien la idea de vender Personalized Programming me desagradaba enormemente, pensar que por mi causa tanto Systems Plus como otros cientos de empresas distribuidoras no podrían obtener el valor que habían creado con tanto esfuerzo me incomodaba todavía más. Finalmente, le comuniqué a John que aunque no estaba interesado en vender la empresa a ningún precio, consideraría su propuesta si mi reticencia iba a ser un obstáculo para la consecución del proyecto, y añadí que volviera a verme si las otras compañías implicadas apoyaban su plan. En el fondo, esperaba que la venta no se concretara.

Pero John regresó al cabo de unas semanas, tras haber comprado Systems Plus y algunos de nuestros distribuidores más importantes. No había nada más que añadir: como tantas otras veces en el pasado, no me quedaba más remedio que apartar mis preferencias personales y rendirme a la realidad que tenía delante. A pesar de que la situación no me agradaba lo más mínimo, por encima de todo estaba mi compromiso de rendición, y deseaba ver adónde me conduciría.

John Kang me hizo una persuasiva oferta para la compra de Personalized Programming que incluía dinero en efectivo y acciones de la nueva empresa. A continuación, inició la compleja operación de fusionar cinco empresas y recaudar los fondos necesarios para el proyecto. Los banqueros decidieron que lo mejor era llevar a cabo una venta pública de acciones de la nueva firma para obtener los 150 millones de dólares requeridos para la fusión. Si bien la fecha de la Oferta Pública de Venta (OPV) se había fijado para principios de 1997, aún quedaba mucho trabajo por hacer.

De pronto me encontraba explorando un mundo empresarial mucho más complejo que aquel al que estaba acostumbrado. Personalized Programming había crecido, poco a poco, desde sus humildes comienzos con un solo empleado —que era yo mismo—. Ahora se había convertido en una exitosa sociedad privada perfectamente organizada; pero esa eficacia organizativa iba a perderse cuando se mezclaran en el mismo puchero un puñado de empresas hasta entonces independientes. Empezarían las luchas de poder, los problemas relativos a la compra de distribuidoras, y constantes asuntos legales y financieros que habría que solventar. Sin embargo, no dejé que me atraparan esos pensamientos negativos y permanecí abierto y absolutamente intrigado por lo que estaba aconteciendo.

Se decidió que la nueva empresa se llamaría Medical Manager Corporation. He de reconocer que me agradó la elección. Retrocedí a 1981, cuando estaba concluyendo el software de gestión clínica y se me ocurrió llamarlo The Medical Manager. Quince años después, Medical Manager iba a convertirse en una sociedad cotizada en bolsa. A las puertas de este acontecimiento tan importante, estaba absolutamente impresionado por la dirección hacia la que me había encaminado mi experimento.

44
Medical Manager Corporation: MMGR

Una vez realizada la fusión, yo sería consejero delegado; John Kang, presidente, y Rick Karl, abogado general. Las instalaciones de John Kang en Tampa pasarían a ser la sede central de la empresa y tanto Rick Karl como yo trabajaríamos desde las oficinas de Alachua. La compañía cotizaría en el mercado de valores NASDAQ bajo el símbolo MMGR.

Hacia finales de 1996 el cuadro de abogados y banqueros estaba ultimando los trámites necesarios para llevar a cabo la fusión de las empresas y, al mismo tiempo, realizar la OPV. Recuerdo que fue una época interesante en lo relativo a la relación con mi padre, que había sido agente de bolsa la mayor parte de su vida y había trabajado en Merrill Lynch durante más de treinta años. Su único hijo había dejado a medias los estudios de posgrado en economía para irse a vivir a la naturaleza y dedicarse a la meditación. De pronto, sin moverme del bosque, me hallaba en el mundo de mi padre, quien no dejaba de repetirme que no podía creerse que Morgan Stanley —una de las agencias de bolsa más influyentes del mundo— mostrara interés por mi compañía. También le sorprendió mucho que el analista del sector sanitario de Merrill Lynch estuviera siguiendo atentamente la inminente transacción. A mi padre le suscitaba mucho interés que mi compañía fuera a convertirse en una empresa de capital abierto, y en ese tiempo hablamos más de lo que lo habíamos hecho en los últimos veinte años. Tenía sentido: por fin compartíamos un interés común.

Me sentí muy afortunado por esta oportunidad de acercarme a mi padre. Lo consideré como otro de los milagros que estaba sucediéndome a raíz de mi rendición al fluir de la vida. Poco tiempo después, mi padre murió habiendo tenido el placer de asesorar a su hijo, con conocimiento de causa, sobre las implicaciones de convertirse en una sociedad cotizada en bolsa, el ámbito sanitario y Wall Street en general.

A pesar de la increíble secuencia de acontecimientos que me condujeron hasta ese punto, era imposible prever lo que pasaría a continuación. Alrededor de una semana antes de la OPV, mi abogado de Nueva York me envió un listado de tareas pendientes. Así pues, uno a uno, fui tachando todos los puntos enumerados a medida que firmaba papeles y localizaba los documentos requeridos. Al día siguiente debía entregar el último documento solicitado en la lista, de modo que corrí al banco donde tenía la caja de seguridad. Rara vez había necesitado abrirla desde que la contraté en 1970 para guardar mi única posesión de entonces: la escritura de mi primer terreno de dos hectáreas.

Una vez me dejaron solo, comencé a buscar el documento. Aunque no había mucho en la caja, los papeles que allí conservaba me transportaron al pasado, como si me hallara en una máquina del tiempo. Encontré la escritura original de mi propiedad; ¡cuántas cosas habían ocurrido desde entonces! Nadie en su sano juicio hubiera imaginado la secuencia de sucesos que tuvieron lugar desde que decidí dejarlo todo para irme a vivir al bosque. Mi viaje en el tiempo se interrumpió cuando topé con

Medical Manager Corporation: MMGR

el documento que estaba buscando, y lo saqué para abrirlo. Se trataba del certificado de acciones de Personalized Programming que me habían enviado hacía quince años, cuando se constituyó en sociedad. Por aquel entonces el certificado solo tenía valor para mí; sin embargo, ahora los inversores más entendidos del mundo valoraban aquel trozo de papel en más de cien millones de dólares.

Al percatarme de ello, se me secó la boca y los ojos se me llenaron de lágrimas. Lo había abandonado todo y, a cambio, el universo me otorgaba prosperidad. Cuando tomé la decisión de soltar mis resistencias y entregarme al servicio de lo que me presentara la vida, ganaba menos de cinco mil dólares anuales. Posteriormente, cuando Built with Love logró consolidarse, aumentó sus ingresos de decenas de miles a cientos de miles de dólares, y por último, Personalized Programming obtuvo rápidamente ingresos millonarios, y llegó a superar los diez millones de dólares en ventas y cánones. Ahora la empresa tenía un activo valorado en cien millones de dólares. No estaba emocionado por el dinero, sino que me había quedado maravillado por la obra de la mano invisible de la vida. Allí mismo ofrecí aquel trozo de papel al universo que lo había originado. Hice el voto de servir a esa empresa —que la vida había construido, según yo mismo había visto, ladrillo a ladrillo— y emplear el dinero que me había sido confiado para ayudar a los demás. Respiré hondo, cerré la caja de seguridad y me dispuse a enviar el certificado de acciones a Nueva York.

45
Consejero delegado

MEDICAL MANAGER CORPORATION NACIÓ el 2 de febrero de 1997, tras una exitosa OPV. Mientras tanto, en el escenario de los bosques de Alachua no solo mantuve mi puesto de presidente de nuestra gran instalación de I+D, sino que, además, me convertí en consejero delegado y presidente del consejo de administración de la nueva compañía. La larga lista de responsabilidades que debía asumir como consejero delegado me pilló totalmente desprevenido. Muy pronto me di cuenta de que el puesto iba a requerir toda la capacidad de concentración que había desarrollado a lo largo de tantos años de práctica meditativa. Me había rendido a la vida y esta me había asignado la presente tarea. Formaba parte de mi viaje espiritual y estaba plenamente dispuesto a entregarme a ella y hacerlo lo mejor posible.

En primer lugar adopté las medidas necesarias para asegurarme de estar informado de lo que tenía lugar en la empresa: por un lado estaba yo, en un apartado bosque de Alachua, y, por otro, dispersos por todo el país, un grupo de ejecutivos de mentalidad independiente acostumbrados a dirigir sus propias empresas. Si iba a responsabilizarme de la empresa, debía recibir información rigurosa y completa de forma constante, lo cual implicaba realizar multiconferencias regularmente y recibir una gran cantidad de informes para poder estar al día de los movimientos de la compañía. Cuando anuncié que cada ejecutivo debía enviarme un informe semanal relativo a sus principales responsabilidades hubo algunas quejas. Pero todos contábamos con una gran experiencia y deseaba que fuera la mente del grupo la que tomara las decisiones, y no la mente individual de una sola persona.

Sin embargo, no tardé en darme cuenta de que no podría mantenerme al día con los informes semanales y, a la vez, estar bien preparado para las multiconferencias. Necesitaba ayuda urgente y, como podrás adivinar, eso es exactamente lo que obtuve.

Aunque no lo denominemos milagro, esta vez la magia de la vida se manifestó en forma de una joven llamada Sabrina. Paul Dobbins la había conocido años atrás en uno de nuestros seminarios nacionales para distribuidores y, según parece, fue amor a primera vista. Poco después, Paul nos comunicó que iban a casarse y ella vendría a vivir con él. Yo no la conocía y me preocupaba que Paul pretendiera que una persona que no practicaba yoga ni meditación se trasladara a una comunidad espiritual. Sin embargo, él no tenía ninguna duda de que encajaría perfectamente, y además me informó de que estaría encantado con ella si la contrataba. Rendición, rendición, rendición... En realidad, no tenía elección.

Resultó que la familia de Sabrina tenía una pequeña distribuidora que vendía nuestro producto en California, y desde los trece años llevaba vendiendo e instalando software de gestión clínica, así como prestando asistencia a los usuarios. Aunque cuando empezó a trabajar en Personalized Programming solo tenía veintidós años y ni siquiera había ido a la universidad, muy pronto descubrí que el puesto de analista de negocio sénior le venía como anillo al dedo. Sin duda, Sabrina era la persona ideal para ayudarme con mis nuevas responsabilidades, a pesar de no tener experiencia previa en ese ámbito.

Uno de mis principales objetivos como consejero delegado era la expansión de la compañía. Por fortuna, no estaba en una empresa corriente y la previsión de crecimiento era extraordinaria. Para empezar, iba a producirse una expansión natural a medida que compráramos a nuestros distribuidores. Contábamos con cerca de doscientas empresas que comercializaban nuestro producto, muchas de las cuales serían óptimas adquisiciones. Siempre que mantuviéramos un flujo continuo de compra de nuevos distribuidores, dispondríamos de una fuente natural de crecimiento.

Pero aún más me fascinaba el enorme crecimiento que supondría la conexión electrónica entre la ingente cantidad de médicos que usaban nuestro sistema y el resto de la industria sanitaria, incluyendo las compañías de seguros, los laboratorios y las farmacias. De este modo, podríamos ofrecer un nivel de automatización del sistema sanitario que, además de reducir costes, mejoraría la eficacia y la atención a los pacientes.

Así pues, me reuní con Sabrina para decirle que nuestra primera iniciativa en la empresa consistiría en mantener bien informados a nuestros más de cien mil médicos en lo relativo a los impresos de solicitud de reembolso de gastos médicos y otras transacciones sanitarias electrónicas, y que ella se encargaría de la tarea. Así nació lo que denominamos Medical Manager Network Services. El éxito que obtuvo el proyecto me resultaba prácticamente incomprensible. Lo que empezó como una visión de futuro acertada se convirtió en una línea de negocio que generaba 100 millones de dólares anuales. En poco tiempo nos convertimos en líderes del sector de las transacciones electrónicas.

Durante los dos años siguientes la compañía creció a pasos agigantados. La compra de distribuidoras siguió en aumento y nuestra presencia en todo el país permitió que pudiéramos ofrecer nuestros servicios cada vez a más clientes. Mientras tanto, jamás había trabajado tan intensamente en toda mi vida, pero conseguí no quemarme. De hecho, tal intensidad ejerció en mí el efecto contrario: cuanto más me desprendía de «Mickey» y simplemente me entregaba a la labor que la vida me había encomendado, más aumentaba el flujo interior de energía espiritual. Era como si la alineación con el flujo externo de la vida fortaleciera ese maravilloso flujo interior de energía. Por entonces, estaba plenamente convencido de que el constante acto de soltar los pensamientos y emociones centrados en uno mismo constituía la clave para un desarrollo personal, profesional y espiritual profundo.

46
Internet y la asistencia sanitaria

AL CABO DE CASI TREINTA AÑOS se había manifestado tanta perfección a mi alrededor que ya no albergaba ningún deseo de interferir con el fluir de la vida. Había visto repetidas veces que lo que parecía un problema resultaba ser una invitación a un cambio que nos impulsaba a avanzar. Eso es lo que ocurrió hacia finales de 1998, cuando las reuniones telefónicas comenzaron a centrarse en el modo en que Internet iba a afectar a nuestro negocio. Nos preocupaba el hecho de que muy pronto nuestros competidores tendrían acceso barato a todos los médicos del país sin necesidad de construir una red de distribuidores. Tanto John Kang como yo éramos bien conscientes de que Healtheon y WebMD, dos empresas del sector sanitario que operaban a través de Internet, estaban ofreciendo sus servicios a un número creciente de clientes nuestros. Ambos sabíamos que debíamos hacer algo si queríamos competir con éxito en la inminente era de la conexión a Internet.

Por esa época John Kang estableció contacto con una compañía de Nueva Jersey llamada Synetic, que estaba creando un portal sanitario muy avanzado. Esta firma contaba con uno de los equipos de gestión más brillantes de la industria y, según parecía, el resto de las nuevas empresas no tenía ninguna posibilidad frente a ella.

Los directivos de Synetic estaban muy interesados en una posible fusión con Medical Manager Corporation. Esperaban poder llegar a gestionar todas las transacciones del ámbito sanitario a través de su portal de Internet. Su interés por nuestra compañía residía en los más de cien mil médicos que estaban conectados electrónicamente para una amplia gama de servicios; si conseguían la gestión de las transacciones de nuestros clientes, todo el mundo estaría interesado en contratar sus servicios. Synetic estaba en posición de trasladar todo aquello que habíamos construido a un nivel totalmente nuevo.

En mayo de 1999, John Kang organizó una reunión entre el presidente de Synetic, Marty Wygod y yo. Puesto que vivíamos en ambos extremos del país, sugirió que el encuentro tuviera lugar en un aeropuerto privado de Midway, Texas. De hecho, Midway se hallaba casi exactamente a medio camino entre California y Florida. Así pues, alquilé un avión privado y acudí solo a la cita.

Viajaba a solas en un avión privado de seis plazas a 12.000 m de altura, circunstancia sumamente apacible que me transportó a un estado de profundo silencio. Cuando abrí los ojos, percibí la gran diferencia entre mi escenario actual y el de años atrás, cuando decidí soltar mis resistencias para ver adónde me conduciría la vida. Si bien seguía viviendo en el mismo bosque y continuaba meditando dos veces al día, de algún modo el resto de mi vida se había transformado enormemente. Recordé las múltiples ocasiones en las que la vida me había presentado desafíos que me incomodaban. Al principio me había resultado difícil hacer caso omiso de mis resistencias, pero con el paso del tiempo, al ver el resultado de haberme arriesgado a liberarme de mí mismo, el proceso se había vuelto mucho más natural.

Estaba saboreando los frutos de haber soltado el control de mi vida. No había nada en ella que no fuera consecuencia de mi rendición al fluir de la existencia. Me había quedado tan maravillado del proceso que nada en mí deseaba volver a oponerle resistencia. Estaba profundamente enamorado del entusiasmo y asombro que me producía ver qué sucedería a continuación. En ese estado de ánimo me dirigía a Texas para reunirme con el presidente de Synetic.

Desde mi punto de vista, la posible fusión era simplemente el siguiente suceso que presentaba la existencia. No necesitaba pensar en ello; ya sabía que nada en mi interior deseaba una fusión con Synetic o con ninguna otra compañía. Me encantaba lo que hacía. Llevaba veinte años siendo guiado por una visión que ardía en mi interior. Se inició mientras escribía un increíble programa de software y no se había debilitado ni un solo momento. Esa visión me inspiraba día y noche; no deseaba comer ni dormir; estaba resuelto a perfeccionar el programa, su distribución y la asistencia a los médicos que nos habían confiado sus consultas. La vida me había encomendado esa tarea y me sentía honrado de realizarla. Al mismo tiempo, mi anhelo de explorar los estados internos más profundos seguía tan vivo como antes. La rendición a la vida *era* mi camino de autorrealización y no cabía duda de que estaba funcionando. Mi vida no se basaba en mis preferencias y aversiones; esa clase de pensamientos habían dejado de atravesar mi mente hacía muchos años. Estaba demasiado ocupado tratando de llevar a cabo el trabajo que me había ofrecido la vida; esto era karma yoga en su máxima expresión. Había entregado mi vida al Fluir Universal, el cual la había tomado para sí aniquilándome en el proceso. Lo que me sucediera no me concernía lo más mínimo. Me importaba la compañía, los empleados, los médicos y, sobre todo, la visión de perfección que impulsaba hasta el latir de mi corazón.

Sea como fuere, me hallaba en un avión viajando hacia un minúsculo aeropuerto situado en medio de Texas para reunirme con un perfecto desconocido y ultimar los detalles de la fusión de nuestras empresas. Eso era lo esencial. La compañía había prosperado tanto que necesitábamos ayuda externa para poder continuar expandiéndonos. Mis conversaciones con John Kang acerca del acuerdo propuesto me habían demostrado lo inteligente que era Marty. El control era el principal asunto que quería abordar en la reunión. Deseaba ocupar un puesto que me permitiera mantener vivo mi sueño y evitar que se aprovecharan de nuestra compañía para obtener beneficios económicos. Marty había accedido a incluirnos a mí, a John y a otros miembros del consejo de administración de Medical Manager Corporation en el equipo directivo de la empresa combinada. Asimismo, aceptó que yo fuera copresidente de la junta y que tanto John como yo fuéramos codirectores ejecutivos. Como aliciente adicional, la nueva empresa combinada conservaría el nombre de Medical Manager Corportion.

Aunque me consideraba un novato en lo relativo a fusiones de empresas de capital abierto, era lo suficientemente astuto como para saber lo que significaba que nos cedieran esos puestos directivos: Marty estaba tan seguro de su posición que no se sentía amenazado en lo más mínimo por otorgar tanto poder a unos desconocidos. Se mirara por donde se mirase, si el acuerdo llegaba a buen puerto, Marty sería mi jefe. Esta situación sería especialmente interesante, ya que, en realidad, a mis cincuenta y dos años nunca había tenido jefe. Había investigado todo lo que había podido sobre él. Era un multimillonario que había alcanzado tal posición con su esfuerzo, y se dedicaba a la crianza de purasangres y a la hípica como hobby. Había empezado en Wall Street con la compraventa de empresas y había fundado exitosas compañías desde cero, como Medco, la cual había vendido a la empresa farmacéutica Merck por seis mil millones de dólares años atrás. Pero lo más importante de todo era que se trataba de alguien sumamente respetado en las altas esferas empresariales. Más de un artículo referido a él lo calificaba de genio.

Marty había lanzado una oferta de 1.300 millones de dólares por Medical Manager Corporation y nuestro consejo de administración se mostraba favorable al acuerdo. Yo estaba convencido de que todo apuntaba en esta dirección; por esa razón estaba volando para acudir a la reunión. Desconocía cómo serían las cosas en un entorno corporativo de tales dimensiones. No podía saberlo de antemano; así pues, estaba dispuesto a rendirme una vez más al fluir de la vida. Desde un punto de vista personal, me interesaba sobre todo saber cómo se encontraría Marty trabajando conmigo, más que yo con él. Al fin y al cabo, yo era un yogui con coleta que no llevaba traje y, con toda seguridad, Marty era un tipo de ejecutivo más tradicional. ¿Conseguiríamos entendernos?

Marty llegó en su avión con un promotor de negocios de su equipo. La reunión duró unas horas y todo marchó sobre ruedas, como cabía esperar. Ambos habíamos analizado a fondo las implicaciones de la posible fusión, de modo que cuando nos reunimos las sinergias estaban bastante claras. Marty me pareció una persona muy accesible y con los pies en la tierra. Era sumamente profesional, lo cual me agradó bastante. Me aseguré de comentar, o mejor expresado, de revelar la existencia del Templo, mi compromiso con la meditación y mi estilo de vida alternativo. Tenía claro que no abandonaría mi forma de vida por nada del mundo, de modo que me pareció oportuno hacerle saber con quién estaba tratando. Era obvio que a Marty no le concernían los pequeños detalles. Era una persona de visión global, interesada en el desarrollo corporativo; así pues, aunque no dio ninguna importancia a mi estilo de vida, prestó suma atención a la parte referida a lo intensamente que trabajaba cada día. Me contó que su mujer hacía yoga y me imaginé que, al ser californiano, sin duda conocería a otras personas parecidas a mí. Cuando nos dimos la mano para despedirnos, no podía saber lo mucho que acabaría aprendiendo —tanto en lo humano como en lo profesional— de este hombre.

47
Fusión, aunque no con el universo

Con el transcurso del tiempo me había dado cuenta de que no tenía ni idea de dónde me colocaría la vida al día siguiente, y, de hecho, no era un tema de mi incumbencia. Mi tarea era simplemente continuar rindiéndome y sirviendo a lo que la vida me presentara. Así fue el día en que me encontré presidiendo una reunión del Consejo de Administración de Medical Manager Corporation en la que íbamos a abordar la cuestión de la propuesta de fusión con Synetic.

Medical Manager disponía de unos directivos sumamente activos, muchos de los cuales contaban con una vasta experiencia empresarial, como un antiguo tesorero de General Motors. El consejo consideró seriamente las opciones que teníamos. Si bien el año anterior habíamos ingresado 140 millones de dólares, frente a los 70 millones de Synetic, el enorme valor potencial del portal web de esta última había hecho que su valor en el mercado superara al de nuestra compañía, lo cual la convertía en un atractivo socio. Al final decidimos por unanimidad aceptar la oferta de fusión de 1.300 millones de dólares de Synetic.

Naturalmente, era la primera vez que estaba implicado en una fusión multimillonaria, pero contábamos con un magnífico asesoramiento y un buen equipo de banqueros para ayudarnos. Además, recurrí a Sabrina para que trabajase a mi lado en ese ingente proyecto. Marty tenía prisa por que se concretara la fusión, de modo que solo dispusimos de unas pocas semanas para ultimar los detalles. Trabajamos día y noche para presentar el acuerdo final ante los consejos de administración de ambas empresas y, finalmente, la fusión fue anunciada públicamente el 17 de mayo de 1999.

La fusión entre Medical Manager Corporation y Synetic causó bastante revuelo. Fue la noticia principal de la sección de economía de la CNN esa noche, y noticia destacada en *The Wall Street Journal* al día siguiente. La nueva compañía mantuvo el nombre de Medical Manager Corporation, y tanto John Kang como yo éramos codirectores ejecutivos y miembros del consejo de administración, del que Marty era presidente. Aunque seguía viviendo en el Templo del Universo, muy cerca del trabajo, mi mundo se había expandido de repente. Mis responsabilidades se habían ampliado más allá de la gestión clínica e incluía otros campos en los que el equipo de Marty había estado trabajando. En realidad, esa era la parte más excitante de la fusión, ya que iba a codearme con un equipo de ejecutivos de talla mundial. Marty solía rodearse de los mejores profesionales y era un auténtico honor trabajar con personas tan competentes.

Resultó que las principales competidoras de Synetic eran, al igual que en nuestro caso, nuestras viejas amigas WebMD y Healtheon, que para entonces ya se habían fusionado. Su empresa combinada suponía una seria amenaza para nuestro portal de Internet de asistencia sanitaria. ¿Dispondríamos del tiempo necesario para crear una oferta de Internet lo suficientemente atractiva antes de que Healtheon/WebMD captara demasiados inversores?

La respuesta a dicho interrogante llegó el 25 de enero de 2000, cuando habían transcurrido seis meses de nuestra fusión con Synetic. La noticia del día fue que Healtheon/WebMD había comprado Envoy —la mayor agencia intermediaria de gestión de seguros del sector— por 2.500 millones de dólares. Se trataba de una gran operación, considerando que Healtheon/WebMD era una nueva empresa de Internet que cosechaba enormes pérdidas, y Envoy una compañía bien establecida y sumamente rentable. Dada la nueva situación, estaba claro que no podríamos mantener una posición competitiva. Desde el punto de vista de Medical Manager, el acuerdo significaba que ahora la competencia era dueña de la agencia a través de la que gestionábamos los cientos de millones de solicitudes de reembolso de gastos médicos de nuestros clientes cada año. Había momentos en los que me alegraba especialmente de haber renunciado al control de mi vida, y ese era mi sentimiento durante los últimos días de enero de 2000.

48
Construir Roma en un día

MARTY SE MOSTRÓ TRANQUILO DURANTE la subsiguiente reunión del consejo de administración. De hecho, parecía aún más perspicaz que de costumbre. Por lo visto, era tan bueno manejando las situaciones difíciles como aprovechando las oportunidades. Se valoraron las posibles opciones y se decidió que lo mejor era tratar de negociar un acuerdo de fusión decente con Healtheon/WebMD. Se trataba del clásico caso de «si no puedes vencerlos, únete a ellos». El problema era que las bases de Healtheon/WebMD eran muy débiles, ya que se fundamentaba únicamente en previsiones de rendimiento a largo plazo; aun así, la compañía estaba valorada en 7.000 millones de dólares. Por desgracia, lo mejor era fusionarnos con ella y hacer todo lo que fuera necesario para lograrlo.

Por increíble que parezca, Medical Manager Corporation y Healtheon/WebMD anunciaron su acuerdo de fusión al cabo de tres semanas de que saltara la noticia de la compra de Envoy, concretamente el día de San Valentín, el 14 de febrero de 2000. La operación valoró a Medical Manager Corporation en 3.500 millones de dólares y Wall Street la calificó como la fusión de dos gigantes de la industria sanitaria. Fue una noticia de primera plana en todos los medios. El anuncio hizo que el precio de las acciones de Medical Manager Corporation alcanzara un máximo 86 dólares, mientras que en nuestro debut bursátil de hacía tres años había sido de 17,60 dólares.

La alegría duró poco. La burbuja de Internet —ocasionada por las exageradas expectativas creadas en torno a las empresas que operaban en la red— comenzó a romperse al cabo de unas semanas del anuncio de la fusión. Aunque ni siquiera habíamos cerrado la operación, para abril de 2000 Healtheon/WebMD ya había perdido el 70 por ciento de su valor y, debido a nuestro acuerdo de fusión, también habían bajado las acciones de Medical Manager Corporation. Era una situación desastrosa; nuestra única esperanza era tomar las medidas necesarias para reestructurar toda la compañía.

Se trataba de una tarea hercúlea. WebMD era la empresa de Internet por excelencia y la burbuja acababa de romperse. Las acciones de la firma —que habían llegado a venderse a más de 100 dólares— habían bajado a 17,50 dólares cuando cerramos el trato y estaban camino de los 3 dólares en agosto de 2001. Había que tomar medidas drásticas y eso es lo que hicimos.

Al cabo de un mes de la fusión, Marty se convirtió en el presidente del consejo de administración y su equipo de gestión de élite dirigía la compañía. Yo seguí como consejero delegado de la división de servicios clínicos y miembro del consejo de administración de la empresa combinada, que mantuvo el nombre de WebMD. Marty incorporó a la compañía a Marv Rich, un especialista experto en reestructuraciones, que ocuparía el cargo de presidente durante la reorganización masiva. La empresa estaba perdiendo cientos de millones de dólares al año y había que detener la hemorragia. La misión de Marv consistía en intervenir en todos los departamentos y hacer recortes de personal que permitieran garantizar las operaciones fundamentales de la compañía. Solamente permanecería aquello que estuviera en sintonía con la visión esencial de WebMD y que fuera rentable.

La tarea que teníamos por delante era descomunal y aprendí muchísimo de ella. Ahí estaba yo, formando parte de un equipo de ejecutivos que, en lugar de quejarse, simplemente se remangaban y afrontaban ese colosal proyecto. Todo el mundo trabajaba día y noche en lo que hiciera falta para enderezar el barco que estaba a punto de hundirse. Durante años había trabajado diligentemente para liberarme de esa débil persona que siempre insistía en que las cosas fueran según sus deseos. Ahora, aunque nos hallábamos en una situación que nadie deseaba, todo el mundo había respirado hondo de forma colectiva y arrimaba el hombro. Formar parte de ese equipo fue una experiencia increíble y me enseñó una lección de fuerza interior que me transformó para siempre en un nivel muy profundo.

Marv me telefoneó un día para pedirme que le acompañara a California, donde se desarrollaba el sitio web de WebMD. Sin duda, este era el principal activo de la compañía con la que acabábamos de fusionarnos y Marv deseaba que acudiera con él a las reuniones con el equipo de desarrolladores, en calidad de especialista en desarrollo de programas. La oferta de Internet generaba la mayor parte de las pérdidas de la compañía y había que abordar el asunto. El problema era que, a pesar de las pérdidas, el equipo estaba exigiendo un aumento de salario y otros beneficios desmesurados a la nueva dirección de WebMD. Se imaginaban que tenían la sartén por el mango, ya que controlaban el desarrollo del proyecto de Internet de la compañía.

Cuando llegamos, no podía creer lo que estaba viendo: había más de ochocientos desarrolladores trabajando en un enorme almacén reformado de Silicon Valley dividido en diminutos cubículos. Pensé que mi equipo de desarrollo de Alachua se había expandido muchísimo: nuestra plantilla estaba integrada por unas 250 personas; en todo caso, este equipo era más del triple y estaban apiñados como sardinas.

Por desgracia, la visita fue bastante breve. Marv y yo nos reunimos con el equipo de gestión sénior para tratar el tema de sus demandas laborales, que habían impreso con gran detalle en varios folios. Cuando acabaron su exposición, Marv les comunicó lo que estaba dispuesto a ofrecer, que cabía en menos de una página. Los jefes de desarrollo se reunieron para deliberar y al poco tiempo le dieron una respuesta: o se atendían sus reivindicaciones o se marchaban.

En lo que a mí respecta, tenía mucho que aprender de personas como Marty y Marv, y estaba completamente abierto al proceso. Me imaginaba que el paso siguiente sería valorar quién era imprescindible y quién no antes de tomar la difícil decisión de despedirlos, pero eso no es lo que sucedió. Marv se relajó durante unos minutos y acto seguido se levantó de la silla y me indicó que le siguiera. Una vez salimos de la sala de reuniones, convocamos al equipo de desarrolladores al completo allí mismo, en la zona de trabajo. Marv explicó que todos sus jefes habían dimitido y que si alguna otra persona deseaba seguirlos había de decidirse en ese momento. Si bien los que optaran por quedarse no tendrían asegurado su puesto de trabajo, durante las próximas semanas estudiaríamos juntos quiénes debían integrar la nueva plantilla. Y eso fue todo. Marv dejó a algunos miembros de su equipo a cargo de la organización del éxodo y nos fuimos.

Lo único que Marv me comentó al respecto fue que si permitías que la gente restringiera tu margen de acción, te forzarían a tomar decisiones terribles que serían negativas para todos. Era mejor coger el toro por los cuernos y al menos tener el control de tu propio destino. ¡Quién hubiera pensado que al cabo de unos pocos meses uno de los ejecutivos de Marty trasladaría a Nueva York el desarrollo del sitio web y lo relanzaría con un equipo de menos de cuarenta empleados! El nuevo *website* sentó las bases para el futuro de WebMD.

Seguí constatando una y otra vez que todas las experiencias que suponían un desafío en el ámbito de los negocios estaban siendo muy beneficiosas para mi desarrollo espiritual. Continuaba desprendiéndome de cualquier resistencia que surgiera en mi interior y, de modo indefectible, un flujo de energía espiritual aún más fortalecido ocupaba su lugar. Esta fuerza interior creciente contribuyó a prepararme para el siguiente reto, que tuvo lugar cuando el equipo organizativo de Marv finalmente acudió a Alachua para estudiar la restructuración de mi departamento.

La división de servicios clínicos de Medical Manager, como éramos conocidos en aquella época, era una de las ramas más grandes de WebMD. Habíamos crecido hasta casi dos mil empleados, lo cual nos hacía terreno fértil para las medidas de recorte. Con esa idea llegó Marv a Alachua, junto con su equipo de reorganización, para dos días de reuniones. El primer día estuvo dedicado a presentar nuestro plan de negocio y la visión de futuro. Por fortuna, estábamos preparados para mostrarle a Marv nuestros productos actuales y los importantes ingresos que nos generaban, así como los productos y servicios en los que estábamos trabajando. Realmente no vino mal la exposición de Sabrina, en la que presentó el gran crecimiento de Medical Manager Network Services, que de ingresar unos cuantos cientos de miles de dólares había pasado a generar cincuenta millones de dólares anuales en algo más de tres años.

Durante esta presentación, tomé conciencia de todas las novedades de los últimos tiempos. John Kang y yo nos habíamos propuesto asegurarnos de que Medical Manager no se quedara atrás frente al enorme potencial de empresas de Internet como Healtheon y WebMD. Al mismo tiempo, Sabrina y yo habíamos estado buscando un modo de hacernos con Envoy, o alguna otra agencia similar, para poder evolucionar lo suficiente como para cumplir los objetivos de Network Services. A pesar de los problemas a los que nos enfrentábamos, asombrosamente habíamos acabado poseyendo tres de esas compañías: WebMD, Healtheon y Envoy. Hasta hacía poco tiempo nadie podría haber imaginado que podía ocurrir algo así. Como tantas otras veces, lo inimaginable había vuelto a suceder de nuevo.

Las presentaciones que hicimos ante Marv y su equipo fueron estupendamente. La excitación se palpaba en el ambiente. Sin embargo, cuando regresé por la tarde, me impactó lo que vi en la sala de reuniones. Habían cubierto las paredes con folios impresos en los que aparecían los nombres de nuestros dos mil empleados; la escena presagiaba el tema que se trataría al día siguiente: cada nombre de esas listas habría de ser justificado. Me quedé horrorizado, especialmente porque habíamos contratado a nuevo personal recientemente para mantener nuestro crecimiento.

Esa tarde llegué a casa muy preocupado por el destino de mis empleados. La jornada siguiente podía acabar siendo un día sumamente aciago. Al mismo tiempo, sabía que Marv debía reducir los gastos y, como ejecutivo de la empresa, era mi deber ayudarlo. Si bien esta situación podía haberme generado una gran tensión interior, decidí rendirme a la realidad que la vida me presentaba y estar abierto para poder conciliar ambos intereses. Conseguí sosegarme sabiendo que mi corazón estaba en paz y que iba a actuar del mejor modo posible.

A la mañana siguiente de nuevo me quedé impactado por lo que vi al entrar en la sala: ya no había hojas colgadas en la pared. Antes de poder averiguar qué estaba pasando, el segundo de a bordo de Marv me indicó que le acompañara al pasillo y me informó de que él y Marv habían acordado la noche anterior hacer una excepción con nosotros y evitarnos la «carnicería» para permitirnos continuar nuestro magnífico trabajo, y me dijo que estaban impresionados tanto por lo que habíamos conseguido como por nuestros planes de futuro. Como ya no había necesidad de un segundo día de reuniones, Marv había tomado un vuelo a primera hora. Su equipo recogió sus cosas, nos dimos la mano y se marcharon. Nunca supe si el resto de mi equipo de dirección llegó a contemplar la siniestra visión de las paredes empapeladas.

Me di cuenta de lo extraordinario de la situación cuando al cabo de unas horas recibí la llamada del director de recursos humanos de la oficina central de Nueva Jersey. No cabía en sí de satisfacción. Me preguntó bromeando con qué había drogado a Marv en su visita a Alachua, y añadió que dudaba de que un hecho semejante hubiera tenido lugar anteriormente en los anales de la historia empresarial. Todos teníamos claro que la misión de Marv era recortar gastos, que había viajado hasta Alachua con esa intención y que se había ido como había llegado, habiendo decidido no intervenir. Lo ocurrido rendía homenaje tanto a la calidad de nuestro departamento como a la profesionalidad de Marv. Si bien Medical Manager había obtenido varios honores en el año 2000, ninguno significó tanto para mí como recibir ese voto de confianza de parte de alguien a quien respetaba tanto.

49
En Washington

El año 2000 no solo marcó el comienzo de un nuevo milenio, sino que también trajo consigo un aluvión de reconocimiento por el éxito cosechado por The Medical Manager. Montado en la alfombra mágica, consideraba todo ello un homenaje a la perfección del fluir de la vida. No había buscado ninguna recompensa, tan solo me había dejado llevar por el viento de la vida para ver adónde me conducía.

Ray Kurzweil —un antiguo miembro del consejo de administración de nuestra empresa— me invitó a acompañarlo a la Casa Blanca en marzo a un acto en el que iba a recibir la Medalla Nacional de Tecnología. A Ray se le atribuyen un gran número de importantes inventos, como el primer microchip que permitió que un teclado electrónico sonara como un piano de cola y otros instrumentos reales. También está considerado como uno de los padres del software de reconocimiento de voz. Él había sido miembro de la junta directiva de Medical Manager Corporation, y yo de la de su empresa Kurzweil Education Systems. Con el tiempo, nos habíamos hecho buenos amigos, e incluso había venido de visita al Templo en varias ocasiones y se había mostrado seriamente interesado en la filosofía oriental.

Debía ponerme un esmoquin para asistir a la Casa Blanca —un atuendo al que no estaba precisamente acostumbrado—, pero me hacía mucha ilusión acompañar a Ray al acto de entrega del galardón.

Como tantos otros, había estado en la Casa Blanca como turista, pero desde luego no como un invitado del presidente. Hubo un cóctel después de la ceremonia y tuvimos acceso libre a todas las habitaciones del primer piso. Mientras miraba por una ventana de la Habitación Verde, que daba al Monumento de Washington, pensé en cuántos presidentes habrían contemplado aquella vista. Ya me sentía muy extraño sentado en medio del vetusto mobiliario de aquellas habitaciones, pero, además, estaba charlando con otros ganadores de la Medalla Nacional en alguna rama científica. El presidente Clinton se unió a todos nosotros, e incluso me encontré con Stevie Wonder en el pasillo. Fue uno de esos momentos en los que piensas: «¿Qué hago yo aquí?», en todos los sentidos. Yo, un yogui que se había retirado al bosque a meditar y que se había rendido al fluir de la vida, ¿había acabado en semejante lugar? Era sencillamente increíble.

No fue la única vez que viajé a Washington durante ese año. Al mes siguiente regresé como representante de The Medical Manager con motivo de su instalación en la colección del Instituto Smithsoniano, que había tenido la iniciativa de documentar la Revolución de la Tecnología de la Información para las generaciones futuras. De forma muy parecida a como ahora consideramos la Revolución industrial, algún día la gente sentirá fascinación por la época en la que los ordenadores revolucionaron nuestra vida. Todos los años un grupo de consejeros delegados de las empresas líderes en tecnología de la información de todo el mundo emprendía una búsqueda de organizaciones que hubieran realizado aportaciones extraordinarias en ese campo y Medical Manager fue una de las empresas seleccionadas en el año 2000 por nuestra labor en transacciones electrónicas en el ámbito de la asistencia sanitaria; su historia iba a conservarse para el futuro en una cápsula del tiempo. Se celebró un gran banquete la noche anterior y una ceremonia en el museo al día siguiente. Fui acompañado de algunos de mis empleados más antiguos, así como de Donna y Durga. Recordando cómo había escrito mi primer programa sentado en aquella habitación de 3,5 × 3,5 m en el bosque, ¿quién habría imaginado que iba a acabar inmortalizado en esta institución?

Finalmente hube de volver a Washington en agosto de ese mismo año para un asunto de gran importancia. Me habían pedido que representara a la empresa en una reunión con el Departamento de Justicia. Antes de que dos grandes compañías se combinen, el gobierno de Estados Unidos se reserva el derecho de decidir si la operación podría asfixiar a la competencia y violar las leyes antimonopolio. En el caso de la fusión entre Healtheon/WebMD y Medical Manager, el gobierno requirió información sumamente detallada y una reunión cara a cara. Medical Manager Network Services enviaba tantas solicitudes a Envoy que el gobierno se cuestionaba si permitirnos formar parte de la misma empresa. Mi reacción inmediata ante la situación fue sentir una gran humildad. ¿Habíamos triunfado de tal manera como para que el gobierno de Estados Unidos tuviera motivos para preocuparse de una posible violación de las mismas leyes antimonopolio que había estudiado en la escuela de negocios? Si bien la respuesta era negativa, habíamos de demostrarlo.

Así pues, Sabrina y yo volamos a Washington para preparar la reunión con el Departamento de Justicia. Por aquella época comencé a notar que cada vez había más abogados en mi vida. Nos desplazamos hasta la oficina de una de las mayores firmas de abogados de Washington para elaborar una estrategia. Lo cierto es que, entre tantos juristas, siempre había uno que sobresalía del resto, y este era el caso de Jim Mercer. Jim era un abogado de Marty, especialista en litigios con un dominio extraordinario tanto de las leyes como de los negocios. Se había ganado todo mi respeto y confianza, y me alegraba de que nos acompañara a la reunión con el Departamento de Justicia.

En lo que a mí respecta, era la primera vez que trataba con este departamento. No era precisamente mi experiencia cotidiana entrar en su sede rodeado de un nutrido grupo de abogados. No obstante, después de varias horas de intenso interrogatorio, Sabrina y yo conseguimos disipar la preocupación del gobierno. Finalmente, se llegó a la conclusión de que la fusión no iba a suponer ningún problema con relación a las leyes antimonopolio. Aunque nos sentimos muy aliviados después de la dura prueba, en realidad me pareció una experiencia bastante enriquecedora.

La relación con personas y situaciones tan poderosas estaba ejerciendo un profundo efecto en ese psiquismo que observaba con tanta diligencia. Nunca antes me había visto expuesto a semejante estilo de vida, y aunque no me cautivaba ni deseaba obtener nada de él, me llevó a ocuparme de algunas partes de mí mismo a las que no habría podido hacer frente de otro modo. Si veía en mí algún asomo de debilidad, temor o preocupación, simplemente volvía a mi centro y soltaba los sentimientos que aparecieran. La vida me había llevado a esas situaciones y yo las usaba como un medio para liberarme de mí mismo. No cabía duda de que estaba funcionando: si bien la vida me enfrentaba con asiduidad a situaciones intensas tanto positivas como negativas, las recibía cada vez con más claridad y serenidad. Al parecer, cuantos más retos atravesaba, menos se veía afectado el flujo interior de energía por las circunstancias externas. Lo que años de tenaz meditación no habían conseguido erradicar se lo estaban llevando las situaciones y desafíos de la vida. Con el único objetivo de liberarme de mí mismo, toda situación era una experiencia fructífera. Si hubiera tenido algún otro propósito en la vida, creo que la constante presión hubiera sido abrumadora. Descubrí que, sorprendentemente, me sentía más sereno cuando afrontaba desafíos cada vez mayores. La vida se encargaba de moldearme a diario y me preparaba para que pudiera hacer frente a las tareas que me deparaba el futuro. Lo único que tenía que hacer era soltar mis preferencias personales y no oponer resistencia al proceso.

Durante los años siguientes, la división de servicios clínicos de Medical Manager continuó creciendo hasta alcanzar su mayor éxito financiero. La plantilla aumentó hasta 2.300 empleados e ingresábamos más de trescientos millones de dólares anuales. Comercializábamos el software de gestión clínica más utilizado del país y estábamos empezando a plantearnos crear una historia clínica electrónica. Fue un período de enormes desafíos que, a mi parecer, estaba impulsando en mí un desarrollo espiritual sin precedentes. Poco sospechaba que el portal de cambios drásticos estaba a punto de abrirse de nuevo, y, cuando lo hizo, redefinió por completo mi visión sobre lo que significaba atravesar una experiencia transformadora.

Parte IX
Rendición total

50
La redada

Fue el 3 de septiembre de 2003; lo recuerdo porque los miércoles por la mañana solía ir a la consulta del doctor Chance para una puesta a punto. Cuando acabé vi que tenía un mensaje de voz de Lisa Elliot —la abogada de la instalación de I+D de Alachua— en el que me avisaba de que se trataba de algo muy importante. Así pues, le devolví la llamada desde el aparcamiento. La localicé en su móvil y se puso muy contenta de oírme. Por su tono de voz —inusitadamente tenso— me di cuenta de que algo grave estaba sucediendo. Me pidió que volviera al trabajo de inmediato porque el FBI estaba allí y quería verme. Lo primero que pensé fue en un agente federal que nos había visitado años atrás buscando a un antiguo empleado; así pues, pregunté a Lisa si habían preguntado por alguien. Lisa replicó: «No. ¡El FBI está aquí!; son entre doce y quince policías, además de los agentes de la oficina del sheriff. Han tomado todo el complejo, han desconectado todas las líneas de teléfono y el sistema informático. Se trata de una auténtica redada. Hay helicópteros volando por toda la zona; van armados y tienen una orden de registro. ¡Tienes que venir ahora mismo!».

Oí con claridad sus palabras y comprendí la sensación de urgencia con la que se pronunciaron, pero la situación era tan absurda que no acababa de creérmela del todo; tenían que haberse equivocado de dirección. Supongo que por esa razón no me inquieté; de hecho, me parecía que demostrarles que habían cometido un error podía ser una experiencia interesante. Pregunté a Lisa si sabía por qué estaban ahí, pero no tenía ni idea, y, por lo visto, estaba ocurriendo lo mismo tanto en nuestras oficinas de Tampa como en la sede central de Nueva Jersey. Lisa había intentado contactar sin éxito con Charlie Mele, el responsable jurídico de la compañía, pero habían cortado la línea en toda la empresa. Antes de colgar, le aseguré que iría para allá en el acto.

Durante el trayecto de veinte minutos hasta la oficina, traté de llamar a cualquiera que pudiera saber algo sobre el tema, pero cuando llegué al trabajo seguía tan confuso como al principio. La entrada principal estaba completamente bloqueada por vehículos policiales, que impedían el paso a los empleados que acudían a trabajar. Me acerqué a un ayudante del sheriff para identificarme y, a continuación, el agente hizo una llamada por radio e indicó a sus compañeros que me permitieran acceder al recinto. Mientras pasaba por la sinuosa y prolongada entrada que atravesaba hermosos campos de heno, vi que había coches de policía por todas partes. Al aproximarme al edificio 1, vi el centro de operaciones móvil de 12 m del sheriff en nuestro aparcamiento. Los cinco edificios del complejo estaban rodeados por agentes del FBI y de la oficina del sheriff, y, en efecto, teníamos dos helicópteros volando encima. Creo que al final resultaron ser parte del despliegue de los medios de comunicación.

Aparqué en el lugar de siempre y me dirigí hacia el edificio. El lugar estaba plagado de policías. Salieron a mi encuentro cuatro o cinco agentes que de inmediato me escoltaron hasta la sala de juntas, donde acabaría pasando la mayor parte del día.

Solicité contar con la presencia de Lisa —nuestra abogada— y la trajeron a la habitación. Los agentes eran sumamente formales y profesionales, y se identificaron como miembros del FBI y de la Secretaría de Hacienda. Me mostraron la orden de registro, que ya había examinado previamente Lisa, y me informaron de que dicha orden les otorgaba el control total sobre la instalación. Tenían derecho a llevarse cualquier objeto que estuviera dentro de los parámetros que allí se especificaban. Me pidieron que firmara un documento en el que reconocía que se me había hecho entrega de la orden. Antes de hacerlo, miré a Lisa y esta asintió con la cabeza. Me sentía perdido, completamente fuera de mi elemento. El único marco de referencia que tenía para una situación similar eran las películas, y dudada de que fueran a servirme de mucho.

Así pues, pregunté a los agentes que estaban al mando de la operación si podían ayudarme a entender qué estaba pasando. Aunque no me contaron mucho, mencionaron una lista de unos treinta nombres de personas clave para su investigación. En ella se encontraba todo el equipo de gestión ejecutiva de la antigua Medical Manager Corporation, así como Marty, el abogado Jim Mercer y otros altos cargos del departamento de contabilidad de WebMD. Me quedé boquiabierto al leerla. Pero también aparecían unos cuantos nombres que me dejaron helado, como el auditor principal de la respetada firma contable con la que habíamos trabajado en Medical Manager Corporation. Si bien me lo estaba tomando con mucha calma, no cesaba de dar vueltas al asunto tratando de encontrar alguna pista reveladora.

En realidad, lo que más me llamó la atención fue la presencia en aquella lista de un nombre en particular: Pat Sedlacek. A diferencia de todos los demás, esta persona no formaba parte de los equipos ejecutivo, legal o contable, sino del de compra de distribuidoras, que estaba dirigido por Bobby Davids, nuestro vicepresidente de compras. Bobby se había incorporado a la empresa, junto con John Sessions, el jefe de operaciones, y David Ward, el vicepresidente de ventas, en 1997, cuando tuvo lugar la OPV. No hubiera reconocido el nombre de Pat entre los 2.300 empleados de nuestro departamento de no ser porque lo estábamos investigando por aceptar sobornos de algunos distribuidores. La investigación había comenzado hacia finales de 2002 y, a principios del año siguiente, había incluido también a Davids y a otro par de empleados. El asunto estaba en manos de los abogados de WebMD, con la colaboración de otros abogados externos. Las personas implicadas habían sido despedidas y demandadas en un juzgado de Tampa con el fin de obtener una orden de comparecencia y congelar los activos de Bobby y Pat.

A medida que avanzaban las investigaciones, íbamos encontrando cada vez más pruebas de que Bobby y/o Pat admitían sobornos de las distribuidoras que compraban. La información que obtuvimos de sus cuentas bancarias, gracias a la citación judicial, puso de manifiesto una intrincada red de empresas ficticias que Bobby había utilizado para ocultar el dinero. Los investigadores pudieron rastrear los fondos que entraban y salían de estas cuentas para localizar a los implicados en ese reguero de dinero. Pat había empezado a cooperar con nosotros y para entonces ya teníamos claro que Bobby Davids era el cabecilla. Cuando tuvo lugar la redada ya habíamos rastreado millones de dólares y la investigación permanecía abierta. Con Pat y Bobby en la lista, y más de cien de nuestras distribuidoras enumeradas en la orden de registro, era probable que las redadas estuvieran relacionadas con la actividad delictiva de Bobby. Pero su conspiración de sobornos implicaba solamente a cuatro o cinco empleados y nuestras investigaciones estaban llevándose a cabo a la luz del día. ¿Por qué el gobierno no hablaba directamente con los abogados encargados de la investigación? ¿Por qué una redada sorpresa en Alachua, Tampa y Nueva Jersey, cuando toda la documentación sobre el tema estaba disponible?

Finalmente, conseguí dar con Charlie —el responsable jurídico de WebMD— llamándolo al móvil. Me confirmó que igualmente había habido una operación policial en la oficina central de la empresa en Nueva Jersey y que sabía tan poco como yo sobre el tema. También sospechaba que el asunto podría estar relacionado con la actividad ilegal de Bobby Davids. Hablamos sobre la posibilidad de que Bobby hubiera intentado llegar a un acuerdo contando al gobierno que todos los ejecutivos de la empresa estaban implicados en los sobornos. Si era así, parecía poco probable que su historia pudiera sostenerse, dadas las pruebas irrefutables que teníamos, procedentes de sus cuentas bancarias y sus cheques anulados. Charlie señaló que sabríamos algo más durante los próximos días y, mientras tanto, habíamos de cooperar totalmente con los agentes.

Tras nuestra conversación, me embargó un sentimiento de paz absoluta que permaneció durante prácticamente todo el día. Su intensidad me envolvía como un manto protector. No estaba preocupado en lo más mínimo. Sabía que no había hecho nada malo y que, por consiguiente, no iban a encontrar nada. Si realmente Bobby había mentido para tratar de salvar el pellejo, las pruebas revelarían la verdad. Deseaba asegurarme de estar suficientemente presente como para asimilar esta extraordinaria experiencia. No todos los días aparece el FBI y organiza una redada en tu oficina sin motivo aparente.

Según tengo entendido, en la operación participaron más de cincuenta agentes del gobierno en todo el país. El registro les llevó todo el día y cuando acabaron se habían incautado de prácticamente todo: en mi escritorio no quedó ni un solo trozo de papel; todos mis archivadores estaban vacíos, así como los de mi secretaria, Sandy Plumb. También desaparecieron todos los archivos legales de la oficina de Lisa y de las salas de archivos. Sobre mi mesa de la sala de juntas solían acumularse pilas de carpetas que usábamos regularmente: pues bien, no quedaba ni una y no había manera de recomponerlas de nuevo. Y no solo se incautaron de la documentación en papel, sino que, además, los agentes hicieron copias exactas de las unidades de disco de todos los PC y servidores.

La jornada transcurrió sin que pudiera hacer gran cosa. Así pues, me dediqué a realizar un trabajo interior para poder permanecer completamente sereno ante la situación extrema en la que me había colocado la vida. Realmente no había razón alguna para divagar sobre por qué estaba sucediendo algo así o cómo acabaría. Puesto que no tenía ni idea de lo que estaba pasando, pensar en ello no iba a resultar de gran ayuda. En lugar de eso, disfruté del día haciendo caso omiso de todo lo que la voz de la cabeza trataba de decir y relajándome profundamente cuando asomaba algún atisbo de preocupación en mi corazón. En semejantes circunstancias, la rendición no era una opción, sino lo única elección sensata.

Antes de regresar a casa esa tarde, busqué a los agentes que estaban al mando de la operación para agradecerles su cordialidad y expresarles mi deseo de haberlos conocido en mejores circunstancias. Desde mi punto de vista, eran personas que estaban haciendo su trabajo lo mejor posible y nada de lo que estaba sucediendo era culpa suya.

Cuando el sol se puso el 3 de septiembre de 2003, el gobierno se había incautado, por todo el país, de 1,2 millones de correos electrónicos, 1.500 cajas de archivos que contenían más de tres millones de documentos y 830.000 archivos informáticos. Desde luego, un día que será tristemente recordado.

51
Abogados, abogados y más abogados

A LA MAÑANA SIGUIENTE TUVE UN ADELANTO de lo que sería mi vida durante un tiempo. En los titulares del diario *Gainesville Sun* podía leerse: «El FBI organiza una redada en las oficinas de Medical Manager en Alachua». Debajo aparecía una foto mía junto al siguiente titular: «Wall Street detendrá el comercio de acciones de WebMD antes del mediodía». Era consciente de que daba igual que fuera inocente y que ni siquiera supiera el motivo de la operación policial: yo era noticia de primera plana. Nunca antes había sido desacreditado públicamente, y me di cuenta de que sin duda me afectaba emocionalmente. La voz de la cabeza deseaba explicar que todo aquello no tenía nada que ver conmigo. Desde luego, no me faltaban interlocutores deseosos de escuchar mis declaraciones, pues los medios de comunicación de todo el país, incluidos *The Wall Street Journal* y *The New York Times*, estaban tratando de contactar conmigo.

Afortunadamente actué con sensatez. Me había pasado muchos años aquietando la voz de la mente y sabía que escucharla solo conseguía avivar el fuego; asimismo conocía lo poderoso que resultaba relajarme y liberarme de la urgencia de defenderme. Así pues, resolví hablar del asunto solo cuando fuera absolutamente necesario; si no, continuaría con mi vida normal. No había cometido ningún delito, de modo que ¿por qué debería dejarme afectar por el asunto? Con el tiempo todo se solucionaría. Mientras tanto, no iba a permitir que aquello me arrebatara la inmensa paz y alegría que sentía en el fondo de mi ser. Desde el principio, decidí utilizar la situación para desprenderme del todo de lo que pudiera quedar de aquella persona asustada de mi interior que me impedía seguir avanzando. Había emprendido un viaje con un único objetivo: la liberación.

A primera hora teníamos una multiconferencia con los abogados de la empresa. Nadie entendía lo que había pasado. De todos modos, lo primero que hicimos fue contratar a un abogado. Bueno, no exactamente a *un* abogado, sino dos firmas de abogados para representar tanto a la compañía como al consejo de administración, y un abogado criminalista para todo aquel cuyo nombre apareciera en la lista. Comprobé que los letrados de la empresa estaban tomándose muy en serio el asunto. Nos explicaron que, al margen de nuestra inocencia, una redada de tal magnitud presagiaba importantes problemas, y todo el mundo necesitaría asistencia jurídica. Eso significaba al menos veinte abogados, y pronto me di cuenta de que incluso tal cantidad no iba a ser suficiente. La investigación procedía de la Oficina del Fiscal de EE.UU. en Charleston, Carolina del Sur, por lo que era recomendable que los altos ejecutivos contrataran también abogados con licencia para ejercer en la zona. Así las cosas, finalmente necesitaríamos los servicios de entre treinta y cuarenta abogados, más dos bufetes para la empresa. Si bien la redada no había logrado desconcertarme, el hecho de tener que defenderme iba a ser otro cantar.

No me hacía a la idea de estar viviendo semejante situación sin comerlo ni beberlo. No sabía absolutamente nada sobre cuestiones criminales, ni siquiera había pensado nunca en el tema, lo cual me hacía ser muy ingenuo con respecto al peligro al que podría estar enfrentándome. Si me hubieran dejado solo, probablemente me hubiera imaginado que, puesto que no había hecho nada, bastaría con explicarle todo al gobierno. Afortunadamente, estaba rodeado de inteligentes hombres de negocios que sabían que no debes hacer nada sin consultarlo antes con un abogado. Desde luego, fui dándome cuenta de cuán acertado era ese consejo a medida que se desarrollaron los acontecimientos.

A lo largo de las siguientes semanas, el consejo de WebMD contrató a Williams & Connolly para representar a la empresa. Si bien no era la mayor firma de Washington, tenía reputación de ser una de las mejores para este tipo de casos. Por mi parte, pedí a Jim Mercer —el jurista a quien más respetaba— que me ayudara a elegir un abogado, siendo yo un auténtico novato y él un experto en el tema. Aprecié de verdad toda la ayuda y el apoyo que me ofreció. Jim me dirigió a un abogado de Williams & Connolly que me proporcionó un listado de penalistas muy prestigiosos con los que había trabajado. Me parecía una decisión tremendamente difícil; para empezar, no iba a saber cómo entrevistar a un abogado criminalista de primerísima categoría. Así pues, siguiendo el consejo de Jim, comencé a fijar citas con algunos de ellos, aunque en mi corazón sabía que la decisión no la tomaría yo, sino el fluir de la vida.

Al final, los acontecimientos se desarrollaron de tal modo que solamente llegué a conocer a uno de ellos: Randy Turk. Randy era socio principal de Baker Botts, una de las firmas de abogados más antiguas y respetadas del país. Contaba con una larga trayectoria como abogado defensor de directivos y altos cargos. Había defendido con éxito a la compañía Hughes Aircraft frente a una demanda de 400 millones de dólares del gobierno de los Estados Unidos relativa a la reparación del telescopio espacial Hubble, e igualmente había sido uno de los letrados clave en el equipo de defensa de Michael K. Deaver, el subjefe del Estado Mayor bajo la administración Reagan, que había sido acusado de perjurio y obstrucción a la justicia; y así una larga lista de casos.

De toda la información que recopilé sobre Randy, lo que más me llamó la atención fue un comentario que hizo sobre él el abogado de Williams & Connolly, quien había oído que yo llevaba coleta y vivía en el bosque. Me contó que de los mejores abogados defensores que conocía, Randy era el más vanguardista, y teniendo en cuenta mi estilo de vida, le parecía que podríamos entendernos estupendamente.

Conocí a Randy por primera vez en Nueva York. Acudió a la reunión de accionistas de WebMD para vernos a mí y a Jim Mercer, que estaba ayudándome a elegir un abogado. Desde el primer momento me sentí cómodo con él. Llevaba treinta años defendiendo a clientes frente a los cargos presentados por el gobierno. Ejercía en Washington y, obviamente, con éxito. Randy parecía intrigado por mi caso y mi singular trayectoria. Había recabado toda la información posible a través de su contacto en Williams & Connolly, y Jim y yo, por nuestras parte, le contamos todo lo que sabíamos.

WebMD ya contaba con una idea mucho más clara del enfoque de la investigación del gobierno cuando tuvo lugar el encuentro con Randy. Tal como sospechábamos, Bobby Davids estaba detrás de todo. Después de que en el 2003 la compañía hubiera reclamado con éxito sus cuentas bancarias ocultas, Bobby se dio cuenta de que estaba atrapado. Era cuestión de tiempo que nos enteráramos de que había robado casi seis millones de dólares a través de sobornos y malversación de fondos. Iría a prisión durante mucho tiempo. Pero Bobby era un estafador y, por lo visto, muy bueno. Había estado timándonos durante años y se las había ingeniado para ocultarlo. Pues bien, en marzo de 2003 se embarcó en la estafa de su vida: cómo evitar la cárcel. Al parecer, se presentó en la Oficina del Fiscal de EE.UU. en Charleston, Carolina del Sur, la más cercana a su domicilio, para denunciar una situación ilegal. Contó a las autoridades federales que era un ejecutivo que se había visto implicado en un gran fraude contable en una empresa de capital abierto; asimismo, admitió que tanto él como unos cuantos empleados habían cobrado sobornos, pero entregaría a toda la cúpula directiva si el gobierno estaba dispuesto a llegar a un acuerdo.

Así pues, durante los seis meses que siguieron a la redada, mientras los abogados de WebMD investigaban abiertamente todas las actividades delictivas de Davids y sus secuaces, él se dedicaba a contar al gobierno una intrincada sarta de falsedades en secreto. Davids era, de hecho, un censor jurado de cuentas que estaba a cargo de todo el programa de compra de distribuidoras y, como tal, tenía detallado conocimiento de cada compra y cada documento acreditativo. Así pues, podía crear perfectamente su propia historia sobre la empresa y sus ejecutivos. Con la habilidad de un Picasso, estaba pintando una obra de arte en el lienzo en blanco de la mente de la gente. Todo lo que había de hacer era asegurarse de que sus mentiras no contradijesen la documentación que iba a ser investigada. Sabía que no iba a hallarse ninguna prueba irrefutable que avalara la «versión de Bobby». Pero si afirmaba que le ordenaron cerrar un trato de cierta forma y podía demostrar que, de hecho, el acuerdo se había efectuado de ese modo, su historia sería verosímil. El problema era que no tenía pruebas de la parte relativa a «le ordenaron hacerlo». Pero si revelaba a los investigadores del gobierno lo que iban a encontrar y, en efecto, lo encontraban, eso daría credibilidad al resto de la historia y, finalmente, se ganaría su confianza. Si el conocimiento es poder, entonces Bobby Davids tenía todo el poder. En esa primera interacción con el gobierno, él disponía de toda la información sobre la trama.

Randy me explicó que se trataba de una situación bastante habitual. Por lo general, el gobierno se formaba una opinión y después intentaba encontrar pruebas que la respaldaran. Eso era precisamente lo que estaba haciendo el FBI con la gran cantidad de documentos de los que se habían incautado durante la redada. Y añadió que el problema de disponer de tantos documentos era que siempre podía hallarse el modo de demostrar que dicen lo que deseas que digan. Con ese panorama, Randy aceptó defenderme lo mejor que pudiera y nos dimos la mano. No hubiera podido sospechar la clase de odisea en la que íbamos a embarcarnos juntos ni los estrechos lazos de amistad que iban a crearse entre nosotros. Lo único que sabía por entonces era que el mismo fluir que me había metido en tal embrollo también me había conducido hasta mi abogado principal. El Experimento rendición consistía en dejarme llevar por el fluir de la vida y no había vuelta atrás.

52
Estados Unidos de América contra Michael A. Singer

Habían pasado cuatro meses desde la redada y todavía sabíamos muy poco de lo que estaba ocurriendo. Yo seguía confiando en que, a medida que los investigadores del gobierno examinaran la documentación y entrevistaran a los empleados de la empresa, irían dándose cuenta de que Bobby y sus colaboradores eran las únicas personas que habían actuado mal. Los titulares habían dejado de hablar sobre nosotros y todo había vuelto a una normalidad relativa. Tanto Randy como algunos miembros de su equipo vinieron a verme a Alachua una o dos veces. Dado que desconocíamos cómo iba a enfocar el caso el gobierno y se habían llevado toda la documentación relativa a los años comprendidos entre 1997 y 2003, no podíamos adelantar gran cosa en el terreno legal. Lo único que podíamos hacer los ejecutivos era poner al día a los abogados sobre el negocio y nuestras historias personales.

Randy se encargó de elegir un abogado de Carolina del Sur llamado John Simmons, que me visitó poco después. John me causó muy buena impresión; había sido el fiscal federal de Carolina del Sur y por entonces se dedicaba al sector privado. Al pasar el día juntos y ver lo que había creado con los años con la empresa y el Templo, se sintió sumamente consternado por lo que estaba pasando. Me contó que conocía a la fiscal que dirigía la investigación y que se trataba de una mujer preparada e inteligente. Al igual que todos los demás, John se preguntaba cómo se las habría ingeniado Bobby para ponerla de su parte.

Randy me explicó que los procesos exhaustivos de investigación administrativa no duraban meses, sino años, y añadió que no podíamos hacer gran cosa hasta que los investigadores del gobierno hubieran examinado la documentación y estuvieran listos para hablar sobre el caso. También me propuso contactar con la fiscalía para preguntar sobre mi estado en la lista de imputados. Randy no pareció sorprenderse al saber que yo era uno de los principales sospechosos, pero yo sí lo hice. El gobierno necesitaba un culpable y el hecho de haber sido consejero delegado me colocaba entre los primeros de la lista. A pesar de todo, yo seguía creyendo que no tenía por qué preocuparme, ya que no iban a encontrar nada, y que la verdad triunfaría.

Mientras tanto, la compañía preparaba su defensa enérgicamente. Se contrató una firma de abogados para concluir la investigación interna sobre los sobornos de Bobby. Aunque de algún modo había conseguido poner al gobierno de su parte, eso no significaba que no hubiera robado a la compañía. Además, la empresa se proponía demostrar que era falso que los directivos hubieran participado en el fraude contable. El consejo contrató una firma especialista en peritajes contables para realizar una auditoría de los ingresos de la división de servicios clínicos de Medical Manager durante todo el año 2001. Al tratarse de una empresa de capital abierto, era muy importante evitar que WebMD se viera afectada por todo aquel desastre. Afortunadamente, tuvieron éxito.

Como parte del plan de desligar a la empresa de la investigación a los ejecutivos de Medical Manager, en julio de 2004 dimití de mi puesto de consejero delegado. Y un poco más tarde, ese mismo año, a medida que la investigación se intensificó, también renuncié como miembro del consejo de administración de WebMD. Consideré mis dimisiones como un acto de rendición de lo personal en aras del servicio a la vida. Así pues, me relajé y me dediqué a soltar cualquier resistencia que surgiera en mi interior. Este modo de gestionar una prueba tan dura convirtió a este período de mi vida en una etapa profunda y poderosa de mi viaje espiritual.

Enero de 2005 trajo consigo el siguiente paso importante en el proceso. El gobierno pactó una sentencia de conformidad con Bobby Davids y dos de sus colaboradores en la trama de los sobornos; estos últimos aceptaron indemnizar a la compañía, y Bobby, pasarse un año y un día en la cárcel. La jugada no le había salido nada mal, considerando que cuando todo salió a la luz admitió haberse apropiado de 5,4 millones de dólares mediante 53 sobornos durante un período de cinco años. El único cargo al que se enfrentaron tanto él como sus compinches fue fraude postal.

Mientras tanto, el resto de nosotros estábamos furiosos. No nos beneficiaba que el gobierno estuviera dispuesto a ser tan blando con aquella gente a cambio de su declaración contra nosotros. También descubrimos que Bobby había tenido una relación con una mujer del departamento de contabilidad que también era censora jurada de cuentas y trabajaba como directora administrativa en el equipo de compra de distribuidoras. En gran medida, su cooperación había permitido que la trama pasara desapercibida tanto para el departamento de contabilidad como para los auditores y los ejecutivos. Sin embargo, no había sido imputada. En aquel momento comencé a tomar conciencia de hasta qué punto todo se había puesto en nuestra contra. El gobierno estaba absolviendo a personas culpables a fin de obtener su testimonio. Estos individuos trataban de dirigir las pesquisas hacia sus superiores para dejar de estar en el punto de mira. A pesar de todo, los periódicos informaban de que algunos ejecutivos de Medical Manager se habían declarado culpables de un fraude contable y que era probable que hubiera más imputados. Todo este asunto fue una pesadilla mediática tanto para WebMD como para la división de servicios clínicos de Medical Manager. Por mi parte, lo último que deseaba era hacer daño a la empresa; tras veinticinco años de servicio comprometido, había llegado la hora de dimitir. Así pues, el 9 de febrero de 2005 envié mi carta de dimisión al consejero delegado de WebMD. Quizá fuera el único escrito de renuncia redactado en circunstancias similares que terminaba con la frase «con gran amor y respeto». Fue una expresión absolutamente sincera.

Me sorprendió que dejar la empresa no afectara a mi estado interno tras tantos años de trabajo. Al día siguiente me desperté, asistí al servicio del templo como siempre y después me dirigí al antiguo edificio de oficinas de Personalized Programming. Lo habíamos convertido en una vivienda, pero en esa época estaba desocupada. Mi antigua oficina había estado usándose como estudio y todavía conservaba mi escritorio y el mismo mobiliario de hacía quince años. Descubrí que me sentía tan cómodo allí como en el despacho ejecutivo situado calle abajo; de hecho, me sentía incluso mejor. Siempre me había agradado la simplicidad, por esa razón me había retirado a la naturaleza. Sentado tranquilamente en mi vieja oficina, me di cuenta de que aquella terrible situación estaba ocasionando cambios increíbles, tanto internos como externos. La vida siempre había actuado de ese modo conmigo, y mi gran experimento consistía en aceptar los cambios. Sabía que este ataque del gobierno no era la excepción; tan solo había de estar dispuesto a ir allí donde me condujera.

Mientras tanto, se me habían proporcionado las circunstancias para comenzar la redacción de los dos libros que siempre supe que escribiría. En el primero deseaba transmitir todo lo que había aprendido desde aquella vez en la que, estando sentado en el sofá, me percaté del parloteo de la voz interior, hacía ya tantos años. Iba a tratarse de un viaje de vuelta al Ser, que podía ser emprendido por cualquier persona, y llevaría por título *La liberación del alma*. En el segundo libro, al que decidí llamar *El Experimento rendición*, me proponía relatar la historia de los milagrosos sucesos que acontecieron a lo largo de los años a medida que me desprendía de mis preferencias personales e iba permitiendo que la vida se desarrollara de manera natural. Sin embargo, aún no podía empezarlo porque no tenía ni idea de cómo terminaría el último capítulo. Así pues, comencé a escribir *La liberación del alma* en medio de una época de transformación e incertidumbre.

Karen Entner era residente del Templo desde hacía más de quince años. Había llegado a ocupar un puesto directivo en Medical Manager y era una empleada extraordinariamente productiva. Como jefa de los departamentos de documentación y entrenamiento virtual, llevaba escribiendo bajo mi supervisión durante muchos años, y poco después de que yo dejara la empresa se mostró interesada en colaborar con la elaboración del libro; de modo que ahora tenía un libro que escribir y la persona perfecta para ayudarme en el proceso. El Templo, el libro y las conversaciones periódicas con Randy y su equipo me mantuvieron bastante ocupado durante el resto del año.

En noviembre de 2005, dos años después de la redada, llegó a oídos de Randy que era inminente la presentación de una acusación formal. Tanto él como otros abogados exigieron conocer las pruebas que relacionaban a sus clientes con una conducta delictiva. En consecuencia, Randy me envió una pila de documentos de más de 2,5 cm de grosor que el gobierno pretendía utilizar para probar que yo estaba detrás de las actividades de Bobby.

Aunque estaba muy interesado en estudiar aquel material, al mismo tiempo sentía cierta aprensión. Lo cierto es que, tras examinarlo durante unas horas, estaba atónito: no vi nada en ellos que me incriminara. Si bien había algunos informes contables de unas pocas compras realizadas por Bobby, la mayor parte del resto de documentos consistía en las notas a mano que mi asistente, Sandy, había tomado durante las multiconferencias que tenían lugar dos veces por semana. En dichas notas, el FBI había rodeado con un círculo prácticamente cualquier referencia a las conversaciones que habíamos mantenido acerca del cumplimiento de las previsiones de ingresos trimestrales y nuestras proyecciones de beneficios. Sandy había anotado mi nombre junto a algunos de los comentarios y sugerencias. Eso era todo. Me sentía aliviado y preocupado al mismo tiempo; lo primero porque, como sospechaba, no habían encontrado nada que indicara que había perpetrado un delito, y lo segundo, porque era obvio que consideraban los documentos marcados con un círculo como pruebas en mi contra. Como no sabía qué pensar, llamé a Randy.

Randy me contó que todo el que había leído los documentos coincidía en que no había nada que me asociara con una acción punible, pero que ese hecho carecía de importancia. Al parecer, Bobby había afirmado que el fraude contable en el que había estado implicado obedecía al propósito de cumplir con las previsiones de Wall Street, y los documentos se utilizarían para demostrarlo. Los fiscales del gobierno sostendrían que, debido a ello, permití que Bobby actuara de forma deshonesta. El gobierno necesitaba un móvil para construir un caso contra mí. Pero esto no estaba ocurriéndome a mí solo; según Randy, el resto de los ejecutivos y sus abogados habían reaccionado del mismo modo al ver el material que se les había proporcionado.

Al cabo de un mes, el 19 de diciembre de 2005, Randy recibió una notificación de la Oficina del Alguacil de EE.UU., en Columbia, Carolina del Sur, en la que se informaba de que se había presentado una acusación federal contra mí. Debía comparecer ante las autoridades federales el 28 de diciembre en Charleston, Carolina del Sur, para la lectura de la acusación, junto con los otros nueve antiguos ejecutivos de Medical Manager Corporation. La citación decía:

*Estados Unidos de América
contra Michael A. Singer*

53
Preparar la defensa

Pensaba que tenía bastante claro a lo que me enfrentaba hasta que leí la acusación. Para ser sincero, era lo más alejado de la verdad que había visto en toda mi vida. Sabía que Bobby nos había implicado al contar al gobierno que estábamos al tanto de sus fechorías, y si bien eso nos convertía en conspiradores, la acusación ni siquiera incluía el nombre de Bobby Davids; enumeraba todos sus delitos y atribuía toda la responsabilidad a los ejecutivos que «habían provocado que sucedieran». Todos nosotros afrontábamos cargos por conspiración que podrían acarrear una pena de más de quince años.

Aunque me quedé de piedra cuando vi la acusación, Randy —que contaba con treinta años de experiencia— se lo esperaba. El gobierno se expresaba con la mayor dureza posible para justificar los cargos; pero, por otra parte, era de esperar que la verdad emergiera de la hoguera del juicio. Hasta entonces nada se había opuesto a la versión de Bobby. De hecho, no habíamos empezado a luchar.

Me reuní con Randy y mi abogado de Carolina del Sur en Charleston para la lectura de la acusación. Allí estábamos los diez ejecutivos de Medical Manager acusados, así como más de veinte de nuestros abogados. Me acompañaban John Kang, John Sessions, Rick Karl, David Ward, dos vicepresidentes regionales, el director financiero, un interventor financiero y el abogado que había trabajado en el programa de compras de distribuidoras. El ambiente era algo caótico. Antes de la diligencia judicial, el FBI nos fichó y nos tomó las huellas dactilares. Huelga decir que ninguno de nosotros había pasado por una experiencia semejante antes.

Finalmente, nos juntaron fuera de la sala. La mayoría no nos veíamos desde hacía años; habíamos creado una próspera empresa entre todos y se había gestado una amistad genuina entre nosotros. Aunque los abogados preferían que no nos habláramos, eso resultaba imposible. La escena se convirtió en un reencuentro con cálidos abrazos y apretones de manos. Cada uno de nosotros sabíamos en nuestros corazones que éramos inocentes de los delitos de los que se nos acusaba. Quizá la sensación de tener un enemigo común sirvió para unirnos todavía más. Todo lo que sé es que para cuando entró la fiscal en el recinto, aquello parecía más una reunión social que un acto de lectura de la acusación.

Deseaba conocer a la fiscal. No tenía nada en su contra, más bien al contrario: sentía una extraña afinidad hacia ella, porque ambos habíamos sido engañados por un estafador llamado Bobby Davids, con la diferencia de que yo lo sabía y ella no. Así pues, me presenté, desoyendo el sensato consejo de Randy, pero con su permiso. Aunque me dio la mano, estaba claro que yo le desagradaba, pues se había formado una imagen bastante negativa de mí.

El acto fue bien, con la particularidad de que, en lugar de un acusado y su abogado, nos apretujábamos ante el juez diez demandados y veinte abogados. La sala era bastante pequeña y el área destinada al público estaba hasta los topes con el resto de nuestros equipos legales. El recinto estaba tan lleno que habían colocado en la tribuna del jurado a diez o doce reclusos vestidos con uniformes naranja que esperaban su turno para presentarse ante el juez. Yo estaba situado justo a su lado y me recordaron al grupo de meditación de la cárcel. Pensé que, tal como estaban yendo las cosas, yo podría acabar siendo uno de ellos algún día. Sabía que si pretendía mantener la serenidad durante esa dura prueba, tendría que sentirme cómodo con tal pensamiento. Así pues, solté el temor y me relajé entregándome a lo que me presentaba la vida en ese momento. Allí estaba yo, en una sala de justicia de Carolina del Sur, asistiendo a la lectura de la acusación contra mí y, sin embargo, rebosante de amor por aquellos presos; de hecho, Randy tuvo que darme un codazo para que me mantuviera erguido y prestara atención. Lo único que sabía era que el viaje que había emprendido me había conducido hasta aquel lugar.

El juez nos puso en libertad bajo palabra sin exigir el pago de una fianza. Aunque podíamos retirarnos, me quedé rezagado durante un rato, preguntándome qué me depararía aquella sala. Estaba viviendo una experiencia única y deseaba saborearla.

Más tarde me quedé charlando con algunos colegas. Si bien hacía muchos años que no veía a Rick Karl, nuestra gran amistad no se había resentido en lo más mínimo. Me contó que había sido propuesto para una magistratura en Florida, y todo hacía suponer que lo habrían designado si no hubiera retirado su candidatura cuando supo que había sido acusado. Igualmente, John Kang se disponía a dimitir como presidente y consejero delegado de la empresa de capital abierto que había montado junto con su hermano. Aunque todo el mundo estaba tomándoselo lo mejor posible, la situación estaba trastocándonos la vida.

Aparte de a estos ejecutivos y a sus familias, los titulares de las noticias acerca de la acusación también afectaron a personas muy queridas para mí. El alcaide de la institución correccional de Unión ya me había llamado para informarme de que hasta que no se resolviera la situación, no tenía otra elección que revocar mi autorización para acudir al grupo de meditación de los sábados por la mañana. Después de treinta años de compromiso con la que tal vez fuera la actividad más importante de mi vida, mi trabajo en la cárcel había concluido. La oscuridad estaba invadiendo todo aquello que había sido fuente de tanta luz, sin que yo pudiera hacer nada; pero estaba resuelto a mantener la calma y verla pasar sin que afectara a mi estado interior. Como cuando años atrás comencé por primera vez mi experimento de desprenderme del temor si me sentía amenazado, pero con una notable diferencia: en este caso, el peligro al que me enfrentaba iba más allá de lo que jamás pudiera haber imaginado. Era la situación perfecta.

Mientras tanto, habían transcurrido más de dos años desde la redada y el gobierno estaba obligado a restituir el material intervenido. A pesar de ello, cuando tuvo lugar la lectura de la acusación, seguíamos sin contar con documento alguno para preparar la defensa. Esa tarde la defensa en pleno se reunió en un hotel. Disfruté observando la interacción de los abogados. Randy había tomado la iniciativa de preparar un acuerdo de defensa conjunta que nos permitiría el intercambio de documentos. Pero al final cada abogado era responsable de velar por los intereses de su cliente. En aquella habitación llena de abogados criminalistas, tomé conciencia de que me encontraba en una situación increíble: estaba a punto de embarcarme en una gira muy personal por el sistema judicial estadounidense. Sabía que ni siquiera se me había pasado por la cabeza cometer los delitos de los que se me acusaba, pero ¿cómo acabaría todo?; ¿funcionaría el sistema de justicia norteamericano?

Al cabo de un mes comenzamos a recibir la primera tanda de documentos, lo que nos dio acceso a los 1,2 millones de correos electrónicos incautados durante la redada, así como a notas procedentes de algunos de los interrogatorios del FBI. Pasaron cinco meses más antes de poder tener acceso a los millones de documentos en papel y a los cientos de miles de archivos informáticos que habían sido copiados durante la operación policial. El gobierno había tardado casi tres años en examinar todo ese material y la defensa iba a necesitar también mucho tiempo para estudiarlo.

Una vez comenzó a llegar la documentación requisada, Randy y el equipo de Baker Botts me encargaron revisar las decenas de miles de correos electrónicos, así como las notas tomadas durante seis años de reuniones ejecutivas y noches de trabajo en casa. Acudía a Washington cada cierto tiempo para abordar temas específicos con los cuatro o cinco abogados de Baker Botts que integraban mi equipo de defensa. Los otros ejecutivos también disponían de buenos equipos, aunque no siempre tan numerosos. La inspección del material puso en evidencia que nadie más que Bobby y su grupo habían cometido hechos delictivos. No existía ni un solo correo electrónico o documento que demostrara que alguno de los ejecutivos había ordenado o incluso insinuado llevar a cabo una gestión contable indebida. Los treinta o cuarenta abogados que se dedicaron a examinar minuciosamente los documentos no hallaron absolutamente nada que pudiera ligarnos a las fechorías de Bobby. No se encontró ni una sola prueba irrefutable contra ninguno de nosotros. Por desgracia, al haber trabajado con Bobby Davids regularmente, siempre habría pruebas indiciarias a las que podría atribuirse el significado que se quisiera.

Con tal telón de fondo escribí *La liberación del alma*. Anhelaba transmitir a otros que si bien solemos prestar atención a la incesante charla mental, hay un modo de liberarse de ella. A esa tarea había dedicado toda mi vida, no a este absurdo embrollo legal. No me importaba lo amenazante que se hubiera vuelto ese engaño: deseaba compartir una verdad profunda que iluminara la vida de otras personas. Así pues, me entregué a la redacción del libro. Karen y yo lo concluimos a finales de 2006, pero seguimos haciendo correcciones. Envié un primer borrador a Randy, porque deseaba saber su parecer y además necesitaba contar con su permiso para hacer cualquier cosa que pudiera afectar al caso. La verdad es que se mostró muy preocupado por si la fiscalía del gobierno encontraba el modo de utilizar el libro en mi contra, como habían hecho con todo lo demás, pero le expliqué que estaba dispuesto a correr ese riesgo. Dado que no sabíamos cómo acabaría todo, necesitaba publicar el libro tan pronto como fuera posible. Finalmente, tras analizar los riesgos, Randy dejó la decisión en mis manos.

La liberación del alma se publicó rápidamente. Había entregado un primer borrador a James O'Dea, un querido amigo y miembro de la junta directiva del Templo; pues bien, la perfección de la vida dispuso que James fuera el director del Instituto de Ciencias Noéticas en esa época y que esta institución acabara de firmar un acuerdo de coedición con New Harbinger Publications, la editorial de libros de psicología más destacada del país. El libro les encantó a todos, y teniendo en cuenta que mi vida se dirigía hacia el abismo, me sorprendió que todo marchara sobre ruedas en ese terreno.

Finalmente, *La liberación del alma* se publicó en septiembre de 2007. Evité la gira promocional y rechacé todas las entrevistas. Como sabía que es responsabilidad del autor promocionar su libro, especialmente durante el lanzamiento, informé a New Harbinger de que le daría publicidad a través de Internet. Karen y yo ideamos una estrategia comercial y, sin dejar los bosques de Alachua, invertimos tiempo y dinero en la publicidad del libro. La primera edición de *La liberación del alma* superó todas las previsiones de ventas, pues los ejemplares se agotaron en tan solo tres meses.

La obra continuó vendiéndose estupendamente incluso en el extranjero. En medio de un período de intensa oscuridad, el libro consiguió nacer y le salieron alas para volar alrededor del mundo. La respuesta de los lectores fue arrolladora. *La liberación del alma* estaba cumpliendo su propósito: ayudar a la gente, y derramaba su luz en medio de tanta penumbra*.

---

* En noviembre de 2012 *La liberación del alma* se convirtió en bestseller número uno en *The New York Times*. *(N. del E.)*

54
La Constitución y la declaración de derechos

La batalla legal estaba poniéndose más interesante. Puesto que teníamos acceso a los documentos, ya podíamos preparar la defensa. Lo primero que hicieron Randy y el equipo de la defensa fue pedir al juez que forzara al gobierno a ser más concreto. No podían pasarnos millones de correos electrónicos, documentos y archivos informáticos, así como años de asientos contables, afirmando que en alguna parte de todo ello quedaba demostrado mi delito. Si teníamos la oportunidad de defendernos, la acusación debía ser más específica; así pues, solicitamos una especificación de los cargos presentados contra el acusado. Si bien el gobierno rechazó nuestra petición, el juez ordenó a la fiscalía que detallara exactamente las compras de distribuidoras y los asientos contables que iban a presentarse como pruebas en el juicio oral.

Después de tantos años de ver cómo se manipulaba la verdad hasta volverla irreconocible, era la primera vez que teníamos voz y voto. Aunque el Departamento de Justicia de Estados Unidos es uno de los organismos más poderosos del mundo, no es todopoderoso. El juez podía anular sus decisiones. Me recordé a mí mismo que eso no ocurría en muchos otros países en los que, si el gobierno estaba convencido de que habías cometido un delito, ahí se acababa todo. Si había de pasar por este suplicio, deseaba aprender todo lo posible sobre el sistema legal norteamericano. Cuando pregunté a Randy sobre qué nos daba derecho a hacer esa petición al gobierno, me encantó su respuesta: «La Constitución». La sexta enmienda afirma: «El acusado gozará del derecho [...] a ser informado sobre la naturaleza y causa de la acusación». Gracias a los fallos emitidos por la Corte Suprema a lo largo del tiempo, ese derecho brinda la posibilidad de exigir una especificación de cargos si la documentación presentada es demasiado extensa.

Aunque no se lo transmití a Randy en ese momento, su respuesta me conmovió en lo más hondo de mi ser. Durante tres años me había mantenido centrado y en calma, observando cómo las autoridades se creían las falsedades de Bobby y las convertían en una fuerza destructiva que parecía imparable, y, de repente, se me recordaba que unas personas que no conocía habían tenido el cuidado y la previsión de asegurarse de que tuviera derechos. Si los Estados Unidos de América acusaban a Michael A. Singer, tenía de mi parte a gente maravillosa, como Thomas Jefferson, George Mason y James Madison, por citar solo unos pocos. Durante los años siguientes, fue dolorosamente obvio que tan solo un documento me separaba del oscuro abismo: la Constitución de Estados Unidos.

Así pues, me leí la Constitución de principio a fin. Teniendo presente el aprieto en el que me encontraba, era evidente que los Padres Fundadores no solo habían creado un gobierno, sino también unas leyes que protegían a los ciudadanos frente a este. Aunque siempre lo había sabido de forma intelectual, ahora estaba viviéndolo en mi propia carne. No estaba estudiando un curso de cívica: se trataba de mi propia vida. Dadas las circunstancias, la Constitución se volvió un texto vivo para mí.

La Constitución y la declaración de derechos

A lo largo de 2007 toda la defensa se concentró en encontrar los documentos relevantes relacionados con los puntos enumerados por el gobierno a raíz de la solicitud de especificación de cargos. Por mi parte, viajaba a Washington varios días al mes para asistir a reuniones de revisión, y también realizaba multiconferencias regulares con el equipo legal de Baker Botts. Randy estaba presente en la mayor parte de las reuniones y tanto su socio, Casey Cooper, como los abogados asociados, se ocupaban del trabajo del día a día.

Cada abogado se encargaba de reconstruir una parte de las operaciones de compra de distribuidoras: cada una de estas transacciones debía examinarse con lupa. Me sentía como si estuvieran taladrándome el ego; había creado y dirigido una empresa maravillosa, teníamos un magnífico producto, así como empleados y clientes estupendos y habíamos cosechado un éxito enorme, pero debajo del programa de compra de distribuidoras se acumulaba la mugre. Era como mirar el interior de un pozo negro. Bobby había estado robando, mintiendo, manipulando y controlándolo todo en su ámbito de acción, incluyéndome a mí y al resto de los ejecutivos. Me dejó atónito constatar todo lo que había llegado a hacer. Me daba cuenta de que aquellas reuniones no trataban de las fechorías de Bobby, sino de que había conseguido hacernos responsables de ellas. Era como estar en la serie de ciencia ficción *En los límites de la realidad*. Lo único que podía hacer era continuar soltando mis preferencias personales del modo más profundo posible. Mi mantra de entonces era: «esta es la realidad; afróntala». En ese instante de mi andadura vital estaba formando parte de un excelente equipo legal que se había unido para defender a ese pobre bobo, Singer, al que un malvado villano había tendido una trampa. Respiré hondo, me desprendí de mis resistencias y me dispuse a realizar aportaciones positivas al tema que estaba siendo abordado en aquellos momentos.

Realmente estábamos avanzando. Descubrimos que la unidad de disco que nos había devuelto el gobierno —que contenía información de archivos personales— había sido registrada incorrectamente por el FBI. Por alguna razón, los agentes habían indexado los archivos por la cabecera de descripción breve que habían asignado a cada archivo. El contenido de los archivos no se había indexado con fines de búsqueda. Esto constituía una seria limitación para los resultados de búsqueda de esta importante fuente de datos. Así pues, el equipo de la defensa realizó una indexación completa que nos permitió encontrar una gran cantidad de documentos de gran interés histórico; sin ir más lejos, hallamos borradores de documentos y cartas que contradecían directamente algunas de las falsedades de Bobby. Poco a poco, estábamos consiguiendo desenredar el enrevesado lío que había formado.

Randy estaba realizando un gran trabajo con el juez Blatt, que se encargaba de nuestro caso. Se llevaban a cabo audiencias previas al juicio regularmente y el juez estaba aprobando muchas de nuestras peticiones, aunque no todas. Randy opinaba que el juez era sumamente justo en sus resoluciones y le daba la impresión de que estaba empezando a captar hasta qué punto el gobierno había llevado el caso demasiado lejos. Habían pasado más de cuatro años desde la redada y finalmente las cosas iban mejor. Sentía una confianza total en Randy como mi abogado principal y como líder de la defensa conjunta.

Pero el panorama se complicó en el 2008. El 7 de febrero de ese año Randy me informó de que le habían detectado un tumor canceroso en un chequeo y los médicos querían operarle de inmediato. Así pues, le abrieron el pecho y le extirparon el tumor: el general había caído en medio de la batalla.

Randy solo tardó tres o cuatro semanas en ponerse en pie y retomar las riendas del caso. Pero quedaba un asunto pendiente.

Los médicos creían que había bastantes posibilidades de que el tumor reapareciera y le aconsejaron someterse a un tratamiento de quimioterapia. Él prefirió esperar y posponer la decisión por un tiempo; mientras tanto, volvió al trabajo, lo cual fue una gran noticia, teniendo en cuenta que el gobierno había solicitado al juez que fijara la fecha del juicio. Si bien habíamos advertido a este último de que no estábamos preparados debido a la gran cantidad de material que debíamos examinar, en junio de 2008 nos comunicó la fecha: el 2 de febrero de 2009. Solo quedaban siete meses y aún teníamos tanto trabajo pendiente que íbamos a necesitar un ejército de abogados para sacarlo adelante.

A medio camino de la fecha del juicio, el cáncer de Randy volvió a activarse. Esta vez iba a necesitar ocho semanas de sesiones intensivas de quimioterapia, con un período de recuperación indeterminado. Recordé que cuando Jim Mercer estaba asesorándome sobre la elección de un abogado me había insistido en que el Santo Grial era contratar a un socio principal de una de las firmas más prestigiosas del país que se dedicara exclusivamente a mi defensa; pues bien, Randy había resultado ser el Santo Grial, y ahora, en contra de la opinión médica, estaba considerando poner en riesgo su vida y esperar a comenzar el tratamiento una vez hubiera concluido el juicio. Aun cuando le aseguré que no se lo permitiría, decidió esperar a ver la rapidez con la que se desarrollaba el cáncer antes de tomar una decisión. Randy era como un guerrero samurái envuelto en una batalla en la que estaban en juego el Honor, la Verdad y la Justicia, y no iba a bajar la espada por un tumor insignificante.

Por desgracia, al cabo de un mes el cáncer había crecido tanto que la decisión estaba tomada. Sabíamos que el juez Blatt se mostraba inflexible respecto a postergar la fecha del juicio. Aunque era una posibilidad remota, Randy solicitó una prórroga de tres meses para poder representarme en el juicio, y, una vez más, me amparó la Constitución. La petición presentada apelaba al derecho de contar con la ayuda de un abogado de mi elección, recogido en la Sexta Enmienda. Aunque el gobierno se opuso, el juez sí nos otorgó una prórroga, a condición de que buscara a otro abogado defensor en caso de que Randy no se recuperara a tiempo. Así pues, se estableció como nueva fecha el 4 de mayo de 2009 y Randy comenzó el tratamiento.

Para entonces ya llevaba trabajando cinco años con él. No solo había sido mi abogado principal y un buen amigo, sino el estratega jurídico clave de la defensa conjunta. Tras prometer al juez que cumpliría con lo establecido, al menos para cubrirme las espaldas, respiré hondo y me rendí a la realidad que tenía ante mí: había de empezar a trabajar con otro abogado principal.

55
Una intervención divina

La carga de trabajo fue en aumento a medida que se acercaba la fecha del juicio. En febrero comenzó una fase de las audiencias preliminares de gran interés e importancia: las peticiones *in limine*. Se trataba de solicitudes previas al juicio que nos daban la oportunidad de cuestionar si las pruebas que los fiscales del gobierno pretendían presentar en el juicio eran fidedignas desde el punto de vista legal. Habían interpretado la documentación incautada de modo que respaldara su versión de los hechos. Yo sabía a ciencia cierta que se había tergiversado el mensaje de gran parte de los documentos y, sacados de contexto, podrían influir en la decisión del jurado. Por esta razón me alegró saber que nuestro derecho constitucional a un juicio justo establecía que no podía predisponerse la opinión del jurado con pruebas que no fueran razonablemente dignas de crédito; es decir, teníamos el derecho de solicitar al juez que excluyera del juicio parte del material.

Petición tras petición, cuestionamos la relevancia o fiabilidad de las pruebas documentales que el gobierno tenía intención de presentar al jurado y, en muchos casos, el juez nos dio la razón. Finalmente, este estaba restringiendo los desesperados esfuerzos de crear pruebas interpretando de modo arbitrario hechos y documentos. Si bien no acudí a ninguna de las audiencias previas al juicio, revisaba todas las peticiones y seguía con gran interés el proceso. Con Randy fuera de juego, su colega, Alex Walsh, me mantenía al tanto de las noticias diariamente. Estaba realmente impresionado con su trabajo y me daba cuenta de que la ausencia de Randy estaba suponiendo una oportunidad formidable para que pudieran brillar los abogados más jóvenes. Me encantaba ver que a partir de esta etapa oscura estaba forjándose algo maravilloso.

Mientras tanto, Randy finalizó el tratamiento de quimioterapia e intentó volver al trabajo de inmediato, pero aunque todo había ido bien, la recuperación llevaría todavía unos cuantos meses. A finales de marzo, a tan solo un mes del juicio, averiguamos que, aparte de la convalecencia de Randy, tendríamos un motivo de preocupación añadido: el 27 de marzo de 2009, el juez Blatt anunció que se retiraba del caso debido a su avanzada edad y a su estado de salud. Nos habíamos quedado sin juez.

El alarde de poder comenzó de inmediato. El gobierno advirtió a todos los abogados defensores que lo mejor era acudir a negociar una declaración de culpabilidad, porque, a juzgar por las circunstancias, no teníamos ninguna posibilidad. Ni que decir tiene que, dado el gran conocimiento del caso adquirido por el juez Blatt a lo largo de los últimos tres años y medio, y la imparcialidad que había demostrado, la perspectiva de tener un nuevo juez a última hora era bastante descorazonadora. En medio de la situación más peligrosa de mi vida, desaparecían de la escena las dos personas en las que más confianza había depositado: Randy y el juez Blatt. No había nada que pudiera hacer; esta increíble secuencia de acontecimientos escapaba tan completamente a mi control que no tenía otra elección que rendirme a un nivel aún más profundo. Parecía que la vida estaba asegurándose de la desaparición de lo que quedara de mi yo personal: justamente lo que le había pedido hacía tantos años.

Había mucha incertidumbre ante lo que podría pasar. Lo más probable era que se aplazara la fecha del juicio, pero nadie sabía cuál sería el día elegido ni la identidad del nuevo juez. Lo único que podíamos hacer era cerciorarnos de estar listos por si acaso. El juez principal del distrito, el juez Norton, se responsabilizó de buscar un juez federal que pudiera llevar un juicio previsto para cuatro meses después. Entretanto, el juez Blatt continuó celebrando audiencias previas, en las que todo siguió yendo sobre ruedas con las peticiones *in limine*. Finalmente, al no conseguir encontrar un sustituto, el juez Norton decidió ocuparse él mismo del caso. En una audiencia que tuvo lugar en julio nos notificaron que la nueva fecha del juicio sería el 18 de enero de 2010; así pues, nos quedaban cinco meses. El juez principal del distrito de Carolina del Sur iba a encargarse de la causa. Todo se hacía cada vez más grande[3].

El juez Norton comenzó a dirigir las audiencias preparatorias hacia agosto de 2009. Para entonces Randy, que había tomado de nuevo el mando del caso, descubrió que el nuevo juez era sumamente brillante, informado e imparcial. Resultó que sus resoluciones eran muy similares a las del juez Blatt. Continuamos haciendo trizas la acusación del gobierno con nuestras peticiones durante los meses previos al juicio oral. Desde luego, parecía que, al igual que el antiguo juez, el nuevo magistrado se daba cuenta de la falta de solidez de los cargos de los que se nos acusaba.

En octubre, cuando faltaban tres meses para la celebración del juicio, llegó el momento de reservar alojamiento en Char-

---

[3] Merece la pena señalar que años atrás había dimitido el fiscal federal de Carolina del Sur que había presentado los cargos contra nosotros, y el Departamento de Justicia de Washington prácticamente se había hecho cargo del caso.

leston. Años atrás había preguntado a Randy hasta qué punto veía posible que el gobierno se diera cuenta de mi inocencia y retirara los cargos, y, en su opinión, era previsible que los retiraran contra todos menos contra mí, contra John Kang y contra John Session, es decir, el consejero delegado, el presidente y el jefe de operaciones. Randy hubiera incluido además al director financiero de no haber fallecido a causa de un cáncer.

Como deseaba asegurarme de las probabilidades que tenía de evitar el juicio, insistí preguntándole si literalmente haría falta una intervención divina para que me absolvieran antes. Randy sopesó la cuestión un instante y respondió: «Sí, haría falta un milagro». Teniendo eso presente, Donna y yo nos dirigimos a Charleston para alquilar un lugar donde vivir durante cuatro meses. Lo tomamos como una aventura. Llevábamos viviendo en el Templo más de treinta y cinco años y nunca nos habíamos ausentado de Alachua más de unas cuantas semanas seguidas. La celebración de la vista oral nos forzaba a trasladarnos por un período bastante más amplio y, por supuesto, cabía la posibilidad de que mi salida se prolongara mucho más.

A medida que se aproximaba el juicio, todo fue desarrollándose de acuerdo a las predicciones de Randy. El gobierno llamó, uno por uno, a los ejecutivos de segundo nivel acusados y trató de obtener alguna información relevante antes de retirar los cargos. Naturalmente, no descubrieron nada nuevo y todos nos alegramos mucho de que nuestros colegas estuvieran fuera de peligro. De este modo, únicamente los tres altos ejecutivos debíamos personarnos en el juicio oral fijado para el 18 de enero de 2010.

Pero a mediados de diciembre Randy me telefoneó porque había oído que el gobierno estaba interesado en alcanzar un acuerdo. Tras comprobar la veracidad de la información, me contó que, al parecer, los fiscales se habían cansado y me querían fuera del caso. Nos sentíamos bastante seguros de mi posición, teniendo en cuenta los éxitos que habíamos cosechado en las audiencias preliminares. Advertí a mi abogado que además de la retirada de los cargos deseaba quedar sin antecedentes. Si querían una declaración de hechos, expondría que, si bien siempre había creído que todo estaba haciéndose de acuerdo a los principios contables, ahora sabía que Bobby no había actuado correctamente en varias ocasiones; es decir, contaría la verdad y nada más que la verdad.

De algún modo, cuando quedaban cuatro semanas para la celebración del juicio y habían transcurrido seis años desde la redada, la luz estaba disipando las tinieblas. El gobierno insistió en que devolviera voluntariamente una parte de los ingresos obtenidos por la venta de acciones efectuada doce años atrás, por si las inexactitudes contables de Bobby hubieran afectado a su precio. Aunque dudaba de que eso hubiera ocurrido, estaba dispuesto a desprenderme de aquel dinero sin problema. De esta manera, tan repentinamente como había comenzado, la pesadilla tocó a su fin: el gobierno aceptó retirar todos los cargos contra mí.

No experimentaba gozo ni alivio, sino un profundo sentimiento de gratitud por el triunfo de la verdad. Aunque tal vez había precisado de intervención divina, la justicia había ganado la batalla. Este sentimiento estaba empañado, sin embargo, por el hecho de que tanto John Kang como John Sessions iban derechos hacia el juicio oral. Había examinado toda la documentación del caso y las únicas acciones ilícitas que había encontrado eran las cometidas por Bobby Davids y sus colaboradores. Tenía claro que mis colegas habían realizado su trabajo lo mejor posible y me aseguré de que Randy y su equipo hicieran lo que estuviera en sus manos para apoyarlos durante el juicio. Si bien no pudieron participar directamente, estuvieron presentes y escribieron la mayor parte de los resúmenes, peticiones y otros documentos necesarios durante y después del procedimiento penal.

La vista oral salió a pedir de boca. El abogado de John Kang pleiteó excelentemente y se encargó de formular las repreguntas a los testigos del gobierno, incluidos Bobby y Caroline, su amante del departamento de contabilidad. Una vez realizada la exposición de las conclusiones finales de la fiscalía, la defensa también dio por terminada su intervención, al considerar que casi todos los testigos del gobierno le habían resultado favorables. Teniendo en cuenta lo que había tenido lugar en aquella sala durante el último mes y medio, nadie podría haber pensado que el gobierno había ganado el juicio, sin lugar a dudas. Habiendo concluido ambas partes, le tocaba decidir al tribunal del jurado.

Las deliberaciones no se prolongaron mucho. Después de tan solo cinco o seis horas, los miembros del jurado anunciaron que habían alcanzado un veredicto unánime. En vista de cómo había transcurrido el juicio, parecía un tiempo razonable. El 1 de marzo del 2010, el jurado volvió a reunirse en la sala para la lectura del veredicto: culpables de los cargos que se les imputaban.

La defensa se quedó de piedra al oírlo y el juez se echaba las manos a la cabeza. ¿Qué había sucedido? Las entrevistas realizadas a algunos miembros del jurado después del juicio revelaron que el caso prácticamente había terminado tras la exposición de las conclusiones provisionales. El gobierno había presentado una versión tan simplista y demoledora de las actividades delictivas de la empresa que la mayor parte de los integrantes del jurado habían tomado su decisión tras escucharla, pues la interpretación de los hechos del gobierno era suficiente para ellos. Era algo realmente penoso. El sistema legal estadounidense no había funcionado; la verdad no había salido a la luz y mis colegas quedaban a la espera de que el juez dictara sentencia.

Todavía quedaba un rayo de esperanza. La defensa había presentado una petición de sobreseimiento basada en la ley de prescripción y el juez aún no se había pronunciado al respecto. Finalmente, el 27 de mayo de 2010, casi tres meses después del juicio, el juez Norton dictó su resolución y decretó el sobreseimiento de la causa contra John Kang y John Session. En ella, el juez reprendía una y otra vez al gobierno por lo ocurrido en el caso. Entre otras consideraciones, cuestionaba el hecho de que el gobierno hubiera formulado cargos contra tanta gente durante cinco años y los hubiera retirado poco antes del juicio. El juez señalaba que, por esta razón, los gastos de la defensa previos al juicio habían ascendido a más 190 millones de dólares.

Me alegré mucho de que John Kang y John Session quedaran en libertad sin antecedentes. Me animaba saber que al menos alguien se había percatado de lo absurdo de la situación, aunque esta no había terminado necesariamente, ya que el gobierno tenía derecho a recurrir la decisión del juez. Por si eso sucedía, la defensa había presentado una petición para un nuevo juicio fundamentada en el hecho de que el jurado había alcanzado un veredicto equivocado que no se hallaba respaldado por las pruebas expuestas durante el juicio. El 19 de enero de 2011, casi un año después de la vista oral, finalmente emergió toda la verdad y nada más que la verdad. Ese día, cuando el juez Norton firmó la resolución relativa a la petición de un nuevo juicio, Jefferson, Mason y Madison debieron suspirar aliviados. Después de doscientos años de interpretaciones de sus textos, el sistema judicial había funcionado. La Verdad y la Justicia tenían la última palabra.

Habían transcurrido más de siete años desde que Bobby Davids había acudido a la Oficina del Fiscal de Estados Unidos en

Charleston para relatar una historia totalmente falsa. Esa maraña de falsedades había cobrado impulso y había atrapado todo lo que encontraba a su paso. Pero no había conseguido engañar al juez principal del distrito de Carolina del Sur. El juez Norton había tenido en cuenta las pruebas aportadas por ambas partes y, si bien el jurado se había creído al pie de la letra la versión del gobierno —sin exigir que los fiscales probaran sus acusaciones—, el juez no lo había hecho. Por si la resolución de sobreseimiento era recurrida, Norton no solo aprobó la petición de un nuevo juicio, sino que, además, hizo pedazos la argumentación del gobierno en un escrito de diecinueve páginas. Afirmaba el juez que el gobierno no había conseguido probar la existencia de una conspiración a manos de los ejecutivos de Medical Manager; por el contrario, las pruebas confirmaban que estos pensaban que la contabilidad estaba llevándose adecuadamente. También añadió que Bobby y Caroline —los principales testigos del gobierno— le resultaban poco creíbles y que esta última parecía repetir mecánicamente las declaraciones de su compañero.

Leí la resolución del juez Norton con una sensación de asombro y alivio. Todo había acabado. Al final, la persona que dirigía el proceso había visto más allá de las apariencias y había reconocido la verdad. No sabía que los jueces pueden dejar de lado el veredicto del jurado si consideran que las pruebas presentadas no lo justifican. El juez Norton había dejado claro que no solo tenía derecho a desestimarlo en este caso, sino que era su obligación. Su acción ponía de manifiesto la importancia de la Constitución como protectora de los ciudadanos frente a los poderes públicos. Pero, lamentablemente, solo se trata de un trozo de papel y el juez tiene la obligación de velar por su cumplimento. Los dos jueces que se habían encargado del caso me parecían unos auténticos héroes. Ambos habían demostrado cómo la división de poderes en Estados Unidos crea un mecanismo de equilibrio entre los distintos órganos de poder. Estos jueces habían jurado guardar la Constitución y justamente eso es lo que habían hecho de forma absolutamente desinteresada [4].

---

[4] Para los lectores que estén interesados añadiremos que finalmente el gobierno no recurrió el sobreseimiento decretado por el juez. Al final, todos los ejecutivos de Medical Manager acusados quedaron en libertad.

56
De vuelta al principio

Cuando todo volvió a la normalidad, descubrí que el torbellino de la vida me había lanzado exactamente al mismo lugar donde me había recogido al principio. Después de cuarenta años seguía viviendo a corta distancia de la casa que había construido años atrás, cuando me retiré a la naturaleza para dedicarme a la meditación; igualmente seguía acudiendo a los servicios matinales y nocturnos del templo, así como a los encuentros de los domingos por la mañana, que veníamos celebrando desde 1972. Pero a mis dos hectáreas originales se habían sumado unas 365 hectáreas de campos ondulados y preciosos bosques de los que la vida nos había hecho administradores. Los pilares de mi existencia habían permanecido inalterados a través de toda la danza con el Fluir Universal.

La difícil experiencia legal se convirtió muy pronto en un recuerdo lejano, casi un sueño. Había llegado y se había ido como todo lo demás en mi vida. Veía con claridad que la experiencia no me había dejado cicatrices en la mente debido a que me había rendido internamente a cada paso del camino. Había sido como escribir en el agua: las impresiones duraron lo mismo que los sucesos que las ocasionaban. Sin embargo, cada peripecia vivida me había calado hondo, forzándome a superar los miedos más arraigados y mis limitaciones. Al estar dispuesto a aceptar el poder purificador del fluir de la vida, salí transformado de cada situación. ¿Cómo iba a considerarla una vivencia negativa habiendo creado tanta belleza y libertad en mi interior? Por el contrario, me impresiona pensar en todo lo que ha ocurrido desde que comencé este increíble experimento de aceptación y rendición.

Una cosa es cierta: la persona que emprendió aquel viaje no regresó jamás. El fluir de la vida había actuado como un papel de lija que, en buena medida, me había liberado de mí mismo. Incapaz de romper el dominio de lo psíquico, me lancé a los brazos de la vida en un acto de pura desesperación. Desde entonces me puse al servicio de lo que esta me presentara tomando distancia con las emociones que experimentaba. El gozo y el dolor, el éxito y el fracaso, el elogio y la culpa activaban una parte de la mente profundamente arraigada, y cuanto más me distanciaba de todo ello, más libre era. No necesitaba averiguar cuáles eran mis ataduras, ya que de eso se ocupaba la vida. Mi única responsabilidad era desprenderme de mis reacciones internas.

Tras haber visto tantas cosas a lo largo de los años, lo único que quedaba de mí era mi rendición al fluir de la vida. Al no estar ocupado con otras actividades, volví a llevar una vida tranquila de soledad, como la que una vez había tenido, y pronto se hizo evidente que la vida me había proporcionado el entorno ideal para iniciar la redacción del presente libro. Desde el primer momento sentí una oleada de inspiración. Comencé a escribir lo que siempre había sabido que acabaría contando: lo que sucedió cuando solté mis resistencias al fluir de la vida.

Cuando la gente me pregunta cómo veo las cosas tras haber pasado por las transformadoras experiencias de los últimos cuarenta años, les recomiendo la lectura de *La liberación del alma*. ¿Cómo explicar la gran libertad que produce tomar conciencia en lo profundo de tu ser de que la vida sabe lo que hace? Solo la experiencia directa puede conducirte a ese punto. En un momento dado, dejas de luchar y solo permanece la paz profunda que surge como resultado de rendirte a una perfección que escapa a tu comprensión. Al final, incluso la mente deja de oponer resistencia, y el corazón deja de cerrarse. El gozo, el entusiasmo y la libertad son demasiado maravillosos para romper el compromiso con la vida. Una vez estás dispuesto a desprenderte de ti mismo, la vida se convierte en tu amiga, tu maestra, tu amante secreta. Cuando te sintonizas completamente con el fluir de la vida, todo el ruido interno desaparece y sobreviene una gran paz.

Con eterna gratitud por todas las experiencias que llamamos Vida...

MAS, marzo de 2015

Sobre el autor

MICHAEL A. SINGER es autor de *La liberación del alma*, bestseller *número uno* en *The New York Times*. Tuvo un profundo despertar en 1971 mientras realizaba un doctorado en economía, a raíz del cual se retiró para dedicarse a la práctica del yoga y la meditación. En 1975 fundó el Templo del Universo, un centro de yoga y meditación que sigue funcionando en la actualidad, donde se reúne gente de todas las religiones y credos para experimentar la paz interior. Es creador de un vanguardista paquete de software que transformó la industria de la gestión clínica, así como fundador y consejero delegado de una empresa valorada en miles de millones de dólares, cuya historia de logros acoge en el Instituto Smithsoniano. Además de impartir enseñanzas espirituales durante más de cuatro décadas, Michael ha realizado importantes contribuciones en las áreas de los negocios, la educación, la asistencia sanitaria y la protección medioambiental.

Información adicional sobre el autor

Charlas grabadas: Algunas charlas de Michael A. Singer sobre desarrollo espiritual están disponibles en formato audio. Entra en www.untetheredsoul.com para obtener más información.

Libros: Previamente a *La liberación del alma**, Michael A. Singer escribió dos libros sobre la integración de las filosofías de Oriente y Occidente: *The Search for Truth* y *Ley del karma, ley de la voluntad, ley del amor*.

Música: *Songs of the Untethered Soul*. Ocho inspiradoras canciones escritas por Michael A. Singer y cantadas por Kathy Zavada, creadas para aquietar la mente y abrir el corazón. Consulta www.songsoftheuntetheredsoul.com

---

* Michael A. Singer, *La liberación del alma*, Madrid: Gaia Ediciones, 2014. (*N. de la T.*)

EN ESTA MISMA EDITORIAL

LA LIBERACIÓN DEL ALMA
El viaje más allá de ti
MICHAEL A. SINGER

Best seller del New York Times que destila la esencia de las grandes tradiciones espirituales; una inspiradora meditación sobre las ataduras de la condición humana y sobre cómo desprendernos de los bloqueos que nos aprisionan.

LEY DEL KARMA, LEY DE LA VOLUNTAD, LEY DEL AMOR
Las tres leyes que rigen el universo
MICHAEL A. SINGER

La ciencia moderna ha encontrado evidencia irrefutable de que existen leyes que rigen la estructura y el movimiento de cada átomo de la Naturaleza. Sin embargo, el ser humano continúa viviendo como si los distintos acontecimientos que suceden en la vida fueran aleatorios, como si apareciesen por puro azar o casualidad, como si no hubiera una Inteligencia Superior impulsando el mundo.

EN ESTA MISMA EDITORIAL

SER CONSCIENTE DE SER CONSCIENTE
La vía directa
RUPERT SPIRA

Ser consciente de ser consciente explora nuestra experiencia primaria más íntima y familiar: el conocimiento de nuestro propio ser o el conocimiento que la conciencia tiene de sí misma a través de nosotros.

EL SALTO
El mapa del despertar espiritual
STEVE TAYLOR

El Salto describe las diversas formas y niveles de la iluminación, y revela que este es un estado mucho más común de lo que generalmente se cree.

COLISIÓN CON EL INFINITO
Una vida más allá del yo personal
SUZANNE SEGAL

En esta autobiografía, Suzanne describe sus esfuerzos y dificultades para comprender y afrontar la extraordinaria transformación hasta alcanzar la realización de su auténtica naturaleza.

EN ESTA MISMA EDITORIAL

MORIR PARA SER YO
Mi viaje a través del cáncer y la muerte hasta el despertar y la verdadera curación

ANITA MOORJANI

A lo largo de más de cuatro años, el avance implacable de un cáncer llevó a Anita Moorjani a las puertas de la muerte y hasta lo más profundo de la morada de la muerte. La minuciosa descripción de todo el proceso que hace la autora ha convertido esta obra en un relato esclarecedor de lo que nos aguarda tras la muerte y el despertar final. Uno de los testimonios espirituales más lúcidos y poderosos de nuestro tiempo.

¿Y SI ESTO YA ES EL CIELO?
Los diez mitos culturales que nos impiden experimentar el Cielo en la Tierra

ANITA MOORJANI

La intención de este libro es llegar al corazón de todas las personas a través de historias universales, en concreto de cuentos cortos cuyas huellas nos encaminan a lo que en verdad somos: seres espirituales con una existencia humana.

NI YO NI NADA DISTINTO DE MÍ
La vida y las enseñanzas de un iluminado moderno

RUSSEL WILLIAMS

Este libro es, por una parte, la historia de su extraordinaria vida y, por otra, el registro de sus enseñanzas.

6.5.21